MW01686633

i y i   k i

● TİMAŞ YAYINLARI ●
İSTANBUL 2020

BİR KÜÇÜK OSMANCIK VARDI

Yayın Yönetmeni	Savaş Özdemir
Editör	Yasemin Muş
Kapak Resmi	Derya Işık Özbay
Kapak Tasarım	Sefer Koçan

67. Baskı	Mart 2020
Uluslararası Seri No	(ISBN) 978-975-263-199-1

TİMAŞ YAYINLARI

Adres	Cağaloğlu, Alemdar Mah. Alayköşkü Cad. No:5 Fatih/İstanbul
Telefon	(0212) 511 24 24
E-posta	bilgi@genctimas.com

Baskı ve Cilt	MEGA BASIM
Sertifika No	44452
Adres	Cihangir mah. Guvercin cad. No:3Baha is merkezi A Blok Kat:2 Haramidere/Avcılar-İstanbul
Tel	(0212) 412 17 00

TİMAŞ YAYINLARI / 1285
+11 ROMAN / 7
Raf: 10+ Roman Öykü
KÜLTÜR BAKANLIĞI YAYINCILIK SERTİFİKA NO: 45587

BİR KÜÇÜK OSMANCIK VARDI

HASAN NAİL CANAT

● genctimas.com ●

HASAN NAİL CANAT (1943-2004)

Kayseri'de doğan ve bu ilde başladığı sanat yaşamını İstanbul'da sürdüren Hasan Nail Canat'ın pek çok oyunu sahnelendi. Altunizade Kültür Merkezi'nde çocuk ve yetişkinlere tiyatro eğitimi veren Canat, 'Keloğlan', 'Sokak Kızı Elif', 'Minderella', 'Süper Bekçi' gibi çocuk oyunlarının yanı sıra 'Bir Avuç Ateş', 'Demedim mi?', 'Metropol ve Kadın' adlı oyunlarını da yetişkinler için sahneledi.

Canat, 'Bize Nasıl Kıydınız?', 'Beşinci Boyut', 'Sürgün', 'Çizme', 'Hasret', 'Siyah Pelerinli Adam' adlı sinema filmleri ile 'Camgöz', 'Deli Yürek', 'Ekmek Teknesi', 'Kalp Gözü', 'Müslüman'ın 365 Günü', 'Müslüman'ın 24 Saati' adlı TV dizilerinde rol almıştı. Dört çocuk babası olan sanatçı 21 Ekim 2004 tarihinde vefat etti.

Yazarın Diğer Kitapları:

- Bir Avuç Ateş
- Nur Dağındaki Çocuk
- Cimcime Tavşan - Okul Piyesleri
- Yiğit Mustafa
- Kırımlı Murat Destanı
- Gül Yarası
- Yaralı Serçe
- Yasemen

İnternet Adresi:
www.hasannailcanat.com

Beklenmeyen Felaket

Ağustosun en sıcak günlerinden biriydi. Abdullah Bey'in köşkü önünde beyaz mersedes durdu. Mersedesten iri yarı, postacı kılığında bir adam indi. İri ellerini demir parmaklıkların arasından sokup, bahçe kapısını açarken sağa sola ürkek ürkek bakındı. Sağlı sollu gül ağaçlarının arasından, özenle döşenmiş parke yolu hızlı adımlarla geçti. Mermer basamakları çıktı. Köşk kapısına gelmişti. Kısa aralıklarla üç kez zile bastı.

Fatma Hanım, ev işlerini henüz bitirmişti. Biraz dinlenmek, dinlenirken de bir şeyler okumak istemişti. Kitaplığın yanına giderken öğle uykusuna yatırdığı Osman'a gözü ilişti. Yavrucak tatlı tatlı uyuyordu. Pervaneli küçük uçağını tutan mini mini parmaklar gevşemiş, fakat oyuncağı onu terk etmemişti. Güzel bir rüya görüyor olmalıydı, zaman zaman küçük pembe dudaklarını tatlı bir gülümseme kaplıyordu.

Fatma Hanım'ın annelik duyguları bu gülümsemelerle coşmuş, onu öpmek için üzerine eğilmişti. Tam bu sırada, kapıya bir ziyaretçinin geldiğini haber veren zil sesi duyulmuştu.

Fatma Hanım her zaman olduğu gibi, kapıyı açmadan önce pencereden baktı. Postacıyı görünce endişesiz bir merakla kapıyı açtı. İri yarı, postacı kılıklı adam hızla içeri girdi ve kapıyı kapattı.

Fatma Hanım'ın şaşkınlıktan kurtulmasına fırsat vermeden, ağzını burnunu önceden hazırladığı sağ elindeki ilaçlı mendille kapattı. Sol eliyle de kollarını sıkı sıkı tuttu. Fatma Hanım, kötü bir tuzağa düştüğünü anlamakta geç kalmıştı. Bu yabancı erkeğin, kollarını ve çene kemiklerini kırarcasına sıkan gücüne direnmesi boşunaydı. Kendinden geçtiğini hissediyordu. O anda içinde bulunduğu durumdan daha korkunç bir fikir beynini şimşek gibi yaktı.

Biraz önce uyurken seyrettiği yavrusu Osman'a ne olacaktı? Bu adam, canından çok sevdiği biricik yavrusuna bir kötülük yapar mıydı? Bu korkunç endişenin verdiği son bir gayretle çırpındı. Boşuna çabalıyordu. Artık ellerine, ayaklarına hükmedemez olmuştu. Kendini rüyadaymış gibi hissetti. Çok şey yapmak istiyor; ama elini, ayağını oynatamıyordu. İri yarı adamın yüzünü, etrafındaki eşyaları kendinden uzaklaşır gibi gördü. Sonunda kapının arkasına yarı cansız yığıldı kaldı.

İri yarı, postacı kılıklı adam, Fatma Hanım'ın bayıldığını anlayınca hemen içeriye daldı. Büyük salondan yukarı kata çıkan merdivenlere doğru koştu. Odada uyuyan Osman'ı görünce bir an durdu, baktı. Sonra yeniden harekete geçti.

Bu adam köşke ilk defa geldiği hâlde nereye gideceğini, nerede ne olduğunu iyi biliyordu. Üst kattaki koridorda acele fakat soğukkanlı adımlarla yürüdü. Koridorun bitiminde karşısına çıkan kapıyı yokladı, kilitliydi. Çantasından çıkardığı bir anahtarla hemen kapıyı açtı. Geniş pencerelerinden Boğazın güzel manzarası seyredilen, Abdullah Bey'in çalışma odasına girmişti.

Bakışlarını odadaki eşyalar üzerinde gezdirdi, aradığını bulunca pis pis sırıttı. Çalışma masasının arkasındaki çelik dolaba doğru yürüdü. Bu sefer çantasından bir deste anahtar çıkardı. Birkaç denemeden sonra çelik dolabın kapısı açıldı. Dolabın alt tarafındaki bölmenin anahtar yerine baktı. Bu bölme çok küçük, özel bir anahtarla açılan cinstendi. Adamın esmer, terli yüzü buruştu. Bir an durakladı. O bölmenin dolapla bağlantılarını inceledi, çok sağlamdı; çantasından sarı saplı, uzun bir tornavida çıkardı. Açmak istediği çekmecenin kenarına tornavidanın ağzını yerleştirip, sapına elinin ayasıyla kuvvetlice vurdu. Darbenin tesiriyle dolap sarsıldı. Tornavida üç dört santim içeri girmişti. Sapını yukarı doğru çekince, çekmece bir gürültü ile önüne doğru kaydı. Adam önce sırıttı, sonra gözleri yuvasından fırlayacakmış gibi hayretle kalakaldı. Bu çekmecede aradığı yoktu. Dişlerini öfkeyle sıktı. Ayağa kalktı. Çelik dolabın kapağına öfkeyle bir yumruk vurdu.

Bütün köşkü dolduran gürültü salondaki Osman'ı uyandırmış, adam ise amacına ulaşamamıştı. Elleri boş dönmemek için etrafındaki eşyaları incelerken Osman'ın ağlaması duyuldu. Bu ses adama önce panik verdi; sonra aklına korkunç bir plan getirdi.

İri yarı adam merdivenleri süratle indi. Yatağında bir yandan doğrulmaya çalışan, bir yandan bağıra bağıra ağlayan Osman'ı, üzerinde yattığı çarşafa sarıp kucağına aldı. Kapıdan çıkarken, hâlen baygın yatan Fatma Hanım'a yarım bir bakışla baktı.

Çocuk başına gelenleri anlamış gibi acı acı ağlıyordu. Adam, sesi tehlike doğurur korkusuyla Osman'ın yüzünü göğsüne bastırdı. Kucağında boğuk boğuk ağlayan Osman'la koşarak arabanın yanına vardı. Mersedesin kapısı içerden açılmıştı. İçeriye girip kapıyı kapattı ve direksiyondaki kadına sertçe:

– Çabuk sür arabayı, dedi.

Zaten harekete hazır mersedes, hızla yerinden kalktı ve hızını gittikçe arttırarak anayola girdi.

Kavşaktan tehlikeli bir viraj alarak sola döndü ve bir ok gibi olay yerinden uzaklaştı...

Allah'ım Bana Yardım Et

Abdullah Bey, inşaat çivisi imal eden bir fabrikanın sahibiydi. İstanbul'un önemli semtlerinde, toptan inşaat malzemesi satan üç büyük mağazası vardı. Fatma Hanım'la evlendikten sonra bu işlere başlamış beş senede işini geliştirmişti. Çok iyi para kazanmasına rağmen sade bir hayat yaşardı. İçki, kumar nedir bilmez, hatta sigara dahi içmezdi. İşi dolayısı ile tanıdıklarının çoğu onunla alay eder, "Vurmazoğlu" olan soyadını "Varyemezoğlu" olarak söylerlerdi.

Abdullah Bey, idarehanenin geniş pencerelerinden gelen bunaltıcı güneş ışığından korunmak için perdeleri yarım kapatmıştı. Masasında, yoğun bir çalışmaya dalmıştı ki, telefonun sesiyle başını doğrulttu ve ahizeyi kaldırdı. Karşıdan kalın, kaba bir ses:

– Abdullah Vurmazoğlu mu?

– Evet. Siz kimsiniz?

– Beni iyi dinle! diye gürledi karşıdaki adam.

– Anlamadım. Siz kimsiniz?

– Oğlunuz elimizde...

– Oğlum elinizde mi, diye şaşkın, kendinin bile tanımadığı korkulu bir sesle sordu Abdullah Bey.

– Karın evde baygın yatıyor. Ve oğlun elimizde...

– Ne istiyorsunuz, diye parladı Abdullah Bey. Eşime ne oldu? Oğlum nerede?

– Şimdi hemen karının yanına git. Durumu polise bildirirseniz size küçük bir ölü hediye ederiz.

– Hayır! diye inledi Abdullah Bey.

Adam;

– Beni dinle, dedi umursamazlıkla, evini arayıp ne yapmanız gerektiğini bildireceğim.

– Oğlum, oğlum nerede?, diye inledi. Fakat telefon kapanmıştı.

Abdullah Bey, telefonu kapatıp iki eliyle başını tuttu. Bir an ne yapacağını şaşırdı. Kapıya doğru bir iki adım attı, düşecek gibi oldu. Kendini toparlamaya çalıştı. "Allah'ım bana yardım et." diye fısıldadı. Şaşkın vaziyette evini aradı. Telefon uzun uzun çalıyor, fakat kimse cevap vermiyordu. "Karın evde baygın yatıyor." sesi beyninde yankılandı. Telefonu kapatıp süratle aşağı indi. Bu arada ustabaşıyla karşılaştı.

– Ben acele eve gidiyorum, dedi Abdullah Bey. Hanım rahatsızlanmış, diye de ilave etmek zorunda kaldı.

– Geçmiş olsun efendim. Allah sıhhat versin, dedi ustabaşı.

Abdullah Bey, fabrikanın kapısından nasıl çıktığını, o yoğun trafikten sıyrılıp evine nasıl geldiğini kendisi de hatırlamıyordu.

Köşkün yarı açık kapısından telaşla girdi. Aynı telaşla salona koştu. Endişeli bir sesle çağırmaya başladı:

– Fatma Hanım! Fatma Hanım nerdesin?

– Abdullah Bey, diye bir inilti geldi banyodan.

Koşarak banyoya girdi. Gördüğü manzarayı hiç unutmayacaktı. Fatma Hanım, düşmemek için lavaboya tutunuyordu. Yüzü solgun, mor dudakları titriyordu. Saçları dağınık, yarı baygın gözleri korku ve dehşet saçıyordu.

Kocasını görünce hıçkıra hıçkıra ağlamaya başladı. Olanı biteni bir çırpıda anlatmaya çalışıyor, fakat kelimelerin ardını getiremiyordu.

– Başımıza gelenler... Osman'ım, yavrum gitti...

Abdullah Bey, ağlamamak için kendini zor tutuyordu. Dehşete kapılmıştı, ne söyleyeceğini bilemiyordu. Sonunda,

– Sakin ol. Osman'ı tekrar getirecekler. Kendini yorma, benim her şeyden haberim var, gibi sözlerle karısını sakinleştirmeye çalıştı.

Fatma Hanım'ı yatak odasına götürüp, yatırdı. Onu üzmemek için, kendisine telefon edildiğini, anlatmadı. Çok merak ettiği hâlde neler olduğunu, Osman'ın nasıl kaçırıldığını sormadı.

"Osman'ım, yavrum, seni nerelere götürdüler kuzum." diye inleyen Fatma Hanım'a sinirleri teskin edici birkaç hap yutturdu. Alnına ve boynuna kompres yaptı.

Abdullah Bey henüz bütün yönleriyle bilmediği bu felaket karşısında nasıl davranacağına karar veremiyordu. Zihni durmuş gibiydi. Aklına telefon geldi. Telefonla evden aranıp, ne yapması gerektiği söylenecekti. Soğukkanlı olmaya gayret ederek banyoya gitti, elini yüzünü yıkadı. Kanı donmuş gibiydi.

Telefon gelmiyordu. Birkaç defa yukarı çıkıp Fatma Hanım'ın durumuna baktı. Aklı hep salonda telefondaydı. Kulakları zil sesini sabırsızlıkla bekliyordu. Gelip telefonun karşısına oturdu. Gözlerini ıstırapla kapattı. Kötü ihtimalleri aklından silmeye çalışıyordu.

Osman nasıl olsa bulunacaktı ve her şey korkulu bir rüya gibi gerilerde kalacaktı.

Kendini bu son ihtimale inandırmaya çalıştı. Bakışlarını bir müddet Osman'ın oynadığı yerlerde dolaştırdı. Gülüşü, ağlayışı, mini mini elleriyle saçlarını çekişi, eline ne geçirse ağzına götürüşü hayalinde canlandı. Bunları düşünürken, şakaklarına dayadığı ellerinden kollarına doğru, sıcak sıcak gözyaşlarının indiğini fark etti. Elini yüzünü yıkamak için banyoya geçti. O anda kapının ziliyle birden irkildi. Hemen doğrulup adeta koştu. Kapıyı açtığı zaman karşısına çıkan bahçıvan ve karısına boş boş baktı.

– Siz neredeydiniz, diye sordu.

– Biz mi, diye geveledi bahçıvan, Fatma Hanım'dan sabah izin alıp abimlere gitmiştik.

– Ne oldu ki bey, dedi Ayşe Kadın.

– Daha ne olsun Osman'ı kaçırdılar. Fatma Hanım odasında perişan.

– Aman Allah'ım! diye haykırdı Ayşe Kadın. Kucağındaki çocuğu gayri ihtiyari bağrına basıp hızla içeri girdi.

– Beyim, biz ne biliriz böyle olacağını, dedi Bahçıvan Ahmet Efendi.

Abdullah Bey bildiklerini anlattı, Ahmet Efendi ayakta, elleri önde bağlı, renkten renge girerek ve dudaklarını ısırarak dinledi.

– Otur, dedi Abdullah Bey, Fatma Hanım'ın durumu çok kötü. Büyük bir sarsıntı geçiriyor. Ayşe Kadın ayrılmasın yanından.

– Ayrılmasın. Hiç ayrılmasın, dedi Ahmet Efendi.

Abdullah Bey koltuğun altında Osman'ın küçük pervaneli uçağını gördü. Eline alıp uzun uzun baktı. Yine ağlamaklı olmuştu. Telefonun çığlık gibi duyulan zili onu bütün düşüncelerinden sıyırdı.

– Alo!

– Abdullah Vurmazoğlu mu, dedi karşısındaki ses.

Abdullah Bey bu kaba sesi hemen tanımıştı.

– Evet benim.

– Yalnız mısınız?

– Yalnızım dedi Abdullah Bey, Ahmet Efendiye "sesini çıkarma" manasına işaret yaptı. Karşıdaki ses, tane tane, not ettirir gibi konuşmasını sürdürdü:

– Yarın akşam saat dokuzda, Ankara yolunun

30. kilometresinde terk edilmiş benzin istasyonuna geleceksin. Gelirken yanında yüz liralık banknotlar hâlinde beş yüz bin lira getireceksin. Parayı koyacağın çantayı, benzin istasyonuna bırakıp uzaklaşacaksın. Orada veya çevresinde beklemeyeceksin. Daha sonra sana çocuğun yeri telefonla bildirilecek. Yapacağın en küçük bir hata ya da ihbar, hayatın boyunca acı çekmene sebep olur. Anlaşıldı mı?

– Kötü bir oyun bu, diyerek haykırdı Abdullah Bey. Parayı alınca telefon etmezseniz, oğlumun yerini bildirmezseniz?

– Parayı getirince, çocuğun yerini öğreneceksin. Başka ihtimal, başka pazarlık yok, dedi karşıdaki.

Telefon sertçe kapandı. Merdivenlerden hızlı hızlı inen ayak sesleri duydu.

– Onlar mıydı? Osman'ımı kaçıranlar mıydı? Ne istiyorlar? Ne zaman verecekler yavrumu, diye çığlık çığlığa haykırdı Fatma Hanım.

– Sakin ol, dedi Abdullah Bey. Ben hâllederim. Sen yerinden hiç kalkmamalıydın.

– Nasıl hâlledersin Abdullah Bey, burada oturarak mı? Bir sürü dostlarımız var. Gün bugündür. Çağır gelsinler. Şu felaketimize bir çare bulsunlar, diye feryat etti Fatma Hanım.

Fatma Hanım şoktan kurtulmuş, dili çözülmüştü. Yanında yüksek sesle hiç konuşmadığı kocasına karşı adeta isyan ediyordu. Minicik bebeğini, biricik yavrusunu kaybetmiş bir annenin böyle isyan etmesi gayet normaldi. Abdullah Bey onu yatıştırmaya çalışarak;

– Fatma Hanım! dedi, çocuğumuzu kurtarana kadar kimseden yardım isteyemeyiz. Bu tehlikeli olabilir. Bu adamlar söylediklerini yaparlar, onların merhameti olmaz.

Fatma Hanım itiraz etti:

– Komiser Mahmut Bey'e bildirelim. Hiç değilse bize bir fikir verir. Kendi başımıza bu felakete göğüs geremeyiz.

– Bilhassa bunu şart koşuyor adamlar. Polise bildirirseniz oğlunuzu... Sonunu getiremedi Abdullah Bey. Ölüm kelimesi bir kurşun gibi boğazına takılmıştı.

Salona garip bir sessizlik çöktü. Merdivenin basamaklarında sessiz sessiz ağlayan Ayşe Kadın'ın yavrusunu bağrına bastığını gördü Fatma Hanım.

Eşkıyanın Yuvasında

Pendik'te, bahçe içinde tek katlı harabe bir evin bahçe kapısında Osman'ın kaçırıldığı beyaz Mersedes araba duruyordu. Bahçe oldukça bakımsızdı. Kendi kendine büyümüş birkaç meyve ağacı, birkaç yeşil ot kümesi...

Osman'ı kaçıran çetenin reisi durumundaki Apo, bir yandan silahını temizliyor, bir yandan da devamlı sakız çiğneyen Zevzek'e emirler veriyor:

– Yarın öğleye kadar Abdullah'ı takip et. Evine polis gelirse veya kendi polise giderse hemen bize bildir.

– Peki polise bildirirse ne olacak, dedi Zevzek.

Apo bağırdı:

– Kendi bilir. Öğleden sonra buluşma yerine gidersin. Etrafı iyi kolla. Polis hazırlığı görürsen acele dön.

Bu sırada iç odadan Osman'ın ağlaması duyuldu.

Apo:

– Niçin ağlıyor bu çocuk? Romantik'e söyle ilgilensin.

Zevzek iç odaya geçti. Romantik, fotoroman okuyordu. Yanıbaşında ağlayan Osman'ı duymayacak kadar dalgındı.

– Heeey! diye bağırdı Zevzek.

– Ne var, diye sertçe çıkıştı Romantik.

– Sustur şu çocuğu. Apo bozuluyor.

– Susmuyor işte. Kırk tane çocuk büyütmedik ya...

– Belki altını ıslatmıştır yine.

Romantik elindeki kitabı sinirle yere attı. Çocuğun altına baktı.

– Gerçekten altını ıslatmış. Sen benden iyi biliyorsun bu işleri, dedi.

Osman'ın kaçırılırken sarıldığı çarşaftan bir parça yırtıp bez olarak kullandı. Biberonu ağzına verdi. Kitabın sayfalarını tek eliyle çevirip okumaya devam etti.

Apo,

– Bu çocuk başımıza bir bela açmasa, diye homurdandı.

Zevzek;

– Ben de korkuyorum, dedi, keşke getirmeseydin.

– Parayı, söylenen yerde bulamayınca aklıma çocuğu kaçırma fikri geldi. Başka çaremiz var mıydı?

– Reis sensin, çareleri hep sen bulursun, dedi Zevzek.

– Beni suçlar gibi bir hâlin var.

– Bu işin sonunu düşünüyorum o kadar.

Salonun kapısında Romantik görünmeseydi bu konuşma sürüp gidecek, belki kavgayla sonuçlanacaktı.

Romantik, ne istediğini sormalarını bekleyen bir tavır takınmıştı. Bu kadın hep böyleydi. İsteklerini açıkça söylemez, bir isteği olduğunu hissettirirdi.

Kader, bu üç serseriyi nasıl bir araya getirmişti?

Apo ile Zevzek çocukluk arkadaşıydılar. Ortaokulun ikinci sınıfından beraberce kaçıp İstanbul'a geleli tam 10 yıl olmuştu. Birçok kötülüğe bulaşmışlar, defalarca hapse girip çıkmışlardı. Son olarak bir kaçakçılık olayına karışmışlar ve afla kurtulmuşlardı. Tekrar içeri girmemek için, daha dikkatli çalışıyorlardı.

Romantik, iki yıl önce Manisa'nın bir köyünden artist olmak hevesiyle İstanbul'a gelmişti. Bir magazin dergisinin; "siz de yıldız olabilirsiniz" başlıklı ilanına inanmış, mektup yazmış, cevap almış, istedikleri parayı ve 6 adet fotoğrafını göndermiş, peşinden de kendi gelmişti. Dergideki adreste bir ayakkabı tamircisi vardı. Adam; dükkanı yeni tuttuğunu öyle meselelerden haberi olmadığını söyleyince, Romantik'in bütün hayalleri Hâliç'in sakin sularına karışmıştı. O gün Karaköy iskelesinde Apo'yla karşılaşmıştı. Niçin, şaşkın şaşkın dolaştığını ısrarla soran Apo'ya her şeyi anlatmıştı. Apo onu evine getirip iki yıl boyunca bütün kirli işlerine alet etmişti.

Kendini bu felakete sürükleyen asıl sebebin okuduğu mecmualar ve fotoromanlar olduğunu henüz kavrayamamıştı. Geri dönmeye cesaret edemediği köyünde, onu herkes Zeynep diye çağırırdı. "Romantik" adını ona Apo yakıştırmıştı...

Romantik salonun kapısında bir müddet sessiz bekledi.

– Ne istiyorsun yine, deyince Apo.

– Sinemaya gitmek istiyorum. Beni biriniz sinemaya götürsün, dedi.

– Olmaz, dedi Apo.

– Niçin olmaz, diye sinirli bir sesle sordu Romantik.

Apo, Romantik'i tepeden tırnağa alaylı bakışlarla süzdü.

– Canım burnumda; iş çok tehlikeli. Senin sinemanı düşünecek hâlim yok, dedi.

– Siz götürmezseniz ben giderim, dedi Romantik. Film çok güzelmiş. Karşıdaki Nesrin söyledi. Gözyaşlarını tutamamışlar.

– Şu çocuğu başımızdan savana kadar hiçbir yere gidemezsin.

– Çocuk mışıl mışıl uyuyor. Uyanırsa Zevzek ilgilensin.

Zevzek, gevrek gevrek güldü. Kasılarak:

– Ben çocuğa bakamam, dedi.

– Öyleyse onu da götürürüm.

– Deli misin sen? Biz çocuğu nasıl gizleyeceğiz diye kaygılanıyoruz, sen alıp sinemaya götüreceksin. Yıkıl karşımdan, diye gürledi Apo.

– Hepiniz delisiniz, diye söylenerek kapıdan çıkıp gitti Romantik.

– Bu kız bir gün başımızı yakar, diye homurdandı Apo.

– Üstelik bu işlere yatmıyor kafası, dedi Zevzek.

– Çok akıllı olmaması daha iyi...

– Bence kovalım onu.

– Acele etme. Şu çocuk işi bitsin.

Zevzek ayaklarını masanın üstüne uzatıp, gözlerini tavana dikerek:

– Hakkımızda çok şey biliyor. Temizlemek en iyisi, dedi.

– Parayı alınca bu eve dönmeyeceğiz. Romantik, 6 aylık kira borcu ile aramızdan emekli olacak, diye mırıldandı Apo.

– Eşyayı satar kirayı öder.

– Ne, hâli varsa görsün.

Son sözlerin üzerine uzun uzun güldüler. Romantik iç odadan kahkahâları duymuş, sinirden deliye dönmüştü. Kendini, sinemaya gitmekten alıkoyan Osmancığa uzun uzun nefretle baktı. Fakat baktıkça kalbine merhametin sıcaklığı yayılır gibi oldu.

Romantik, yirmi yaşına kadar hiç tanımadığı bir zevki usul usul yüreğinde duymaya başladı. Köyündeki çocukları hatırladı. Onların yüzleri belki böylesine temiz ve güzel değildi, ama bakışları böyleydi. Bu adını dahi bilmediği minicik yavru, başına gelenlerden habersiz uyuyor, hatta uykusunda sık sık gülümsüyordu. Pembe dudakları bir gül yaprağı kadar pürüzsüz ve tazeydi. Minicik ellerini tuttu. Bu eller ne kadar sevimliydi. Osman, Romantik'in parmağını eliyle kavramış, küçücük el, bir parmakla dolup taşmıştı.

Romantik, parmağını Osman'ın küçücük elinden çekememişti. Başını Osman'ın başı hizasına koymuş, onu seyrederken uyuyup kalmıştı...

Köşkte Telaş

Abdullah Bey telefonda konuşurken hayli sinirliydi:

– Mahmut Bey. Siz olayı duymamış olun. Eşim bir an paniğe kapılıp durumu size bildirmiş.

Komiser Mahmut Bey karşıdan daha sakin konuşuyordu:

– Abdullah Bey. Siz yine bildiğiniz gibi yapın, lütfen. Evinize iki memurumuz gelecek. Hem parmak izi tespit edecek, hem de olayı soruşturacaklar. Onlara yardımcı olun. Çok hızlı hareket etmek mecburiyetindeyiz.

– Netice beni korkutuyor. Ben parayı gözden çıkardım. Oğlumu dünyalara değişmem, dedi Abdullah Bey.

– Biliyorum, fakat bizim görevimiz, hem oğlunuzu bulmak, hem de çeteyi yakalamak...

Abdullah Bey isteksizce teşekkür edip telefonu kapattı. Duvardaki saatin gonkları dokuz defa vurdu. Gece hiç uyumadan dinmeyen gözyaşlarıyla karşılıklı oturup konuşmuşlardı. Fatma Hanım sabah Komiser Mahmut Bey'in evine telefon edip, olayı uzun uzun anlatmıştı. Abdullah Bey, buna çok kızmış, daha doğrusu kötü bir sonuç almaktan korkmuştu.

Bahçıvan Ahmet Efendi ve karısı Ayşe Kadın, bütün ısrarlara rağmen, gece çekilip yatmamışlar, onları yalnız bırakmamışlardı. Ayşe Kadın da en az Fatma Hanım kadar ağlamıştı. Anne yüreğinin derin ıstırabını şimdi en iyi o anlıyordu.

Saat dokuz buçukta sivil polisler geldi. Bıyıklı, uzun boylu olanı bahçıvanın ve karısının başka odaya girmelerini istedi. Diğeri de evin üst katındaki kütüphaneye gitti.

Uzun boylu polis, Abdullah Bey ve karısına art arda gibi sorular soruyordu. Fatma Hanım'dan, postacı kılığında gördüğü adamın resmini çizmesini istedi. Fatma Hanım, bu isteği yerine getirirken komiser yarımcısı Abdullah Bey'den bilgi alıyordu.

– Son zamanlarda işten kovduğunuz ya da kavga ettiğiniz biri oldu mu?

– Hayır!

– Bahçıvanınız nasıl bir adam?

– Bir yıldır burada çalışıyor. Hakkında pek fazla bir şey bilmiyorum.

– Olay günü burada bulunmamaları sizce tesadüf mü?

Abdullah Bey'in gözleri hayretle açıldı. Bu sorunun altında, bahçıvana karşı müthiş bir suçlama yatıyordu.

– Düşündüklerinizi anlıyorum, dedi ve kararlı bir ses tonuyla devam etti, onu bu olayın içinde düşünmemem imkansız.

Komiser yardımcısı acı acı güldü:

– Belki, dedi.

Bir müddet sessiz kaldılar. Yukarı çıkan polis memuru düşünceli bir tavırla indi. Abdullah Bey'e:

– Olay çok şaşırtıcı; adam, çalışma odanızdan başka hiçbir odanın kapısını zorlamamış. Odada da çelik dolaptan başka eşyaya dokunulmamış, dedi.

Komiser yardımcısı biraz önceki acı tebessümü ile:

– Demek ki adam paranızı nerede sakladığınızı, en az sizin kadar iyi biliyor.

Abdullah Bey bunu hiç düşünmemişti. Şaşırdı kaldı. Komiser yardımcısına:

– Yalnız, bir hafta önce parayı oradan alıp, yeni satın aldığım fabrika binası için ödediğimi bilmiyormuş. Aslında yeni bina satın aldığımı eşim dahi bilmiyor. Fabrikayı taşıyınca sürpriz yapacaktım.

Komiser yardımcısı, ensesini, çenesini uzun uzun kaşıdı. Yavaş bir sesle:

– Orada paranız olduğunu dostlarınızdan bilen var mıydı, dedi.

– Yok canım, diye kesin konuştu Abdullah Bey. Yine kesin bir tavırla devam etti: Eşimden başka kimse bilmiyordu. Parayı alırken, nereye vereceğimi söylemedim. Dedim ya, sürpriz yapacaktım.

– Birileri biliyordu. Mutlaka biliyordu. Ama kim, dedi komiser muavini. Bahçıvan olabilir mi, iyi düşünün.

Abdullah Bey kesin konuştu:

– Bahçıvanın işi dışarıdadır. Evde olup bitenleri bilmez.

Tartışmalar, olay üzerine fikir yürütmeler epey uzadı. Elde edilen bilgilere göre sorguya çekilebilecek kimse yoktu. Parmak izlerini alan polis memuru gitmiş, komser muavini köşkü korumak için kalmıştı. Komiser Mahmut Bey iki defa telefon edip, hem bilgi almış, hem de bazı tedbirler için muavine talimatlar vermişti.

Üçüncü telefon Zevzek'ten geldi: Tehdit dolu bir sesle; paranın bırakılacağı yeri ve saati, çocuğun yerinin bildirileceği yeri ve saati tekrarladı.

Komiser yardımcısı bu konuşmayı Abdullah Bey'in çalışma odasındaki paralel telefondan dinleyip, hemen Komisere bildirdi.

Mahmut Bey, yardımcısına köşkten hiç ayrılmamasını tembihleyip, Abdullah Bey'e de parayı tam zamanında yetiştirmek için hazırlaması gerektiğini hatırlattı.

Abdullah Bey, köşkten ayrılıp bir saat içinde fabrika ve mağazalarını dolaşarak, istenen beş yüz bini temin etmişti. Aldığı parayı siyah bir çantaya yerleştiriyordu. Parayı hiç bu kadar sevimsiz görmemişti.

Bu kâğıt parçaları ile Osman'a tekrar sahip olacak, evine mutluluk getirecekti.

O korkunç ihtimal yine beynini sızlatıyor, gözlerinin önüne oğlunun ölüsü geliyordu... Bu hayali kafasından çabucak uzaklaştırmaya çalıştı.

Köşke döndüğü zaman saat beşi geçiyordu. Harekete geçmek için iki saat daha beklemesi lazımdı.

Fatma Hanım'la Ayşe Kadın yukarı çıkmışlar, komiser muavini de bahçıvanı sorguya çekmişti.

Abdullah Bey para dolu çantayla salona sendeleyerek girdi. İki gündür ağzına bir lokma yiyecek koymadığını hatırladı. Renginin sararıp, dermanının kesilmesine; midesinin bulanmasına ve şiddetli baş ağrısına rağmen yine de yemeğe iştah duymuyordu. Yukardan Fatma Hanım'ın hıçkırıkları duyuluyordu. Ayşe Kadın ise durmadan onu teselliye çalışıyordu.

Abdullah Bey, ikindi namazından sonra uzun uzun dua etti:

– "Yarabbi! Osman'ı sen verdin bize, dilersen O'na tekrar kavuşturur sevindirirsin. Dilersen zayıf yüreklerimizden bu acıyı hiç almazsın." diye yakardı.

Saat yediyi gösterdiğinde hiç konuşmadan para çantasını alıp köşkten ayrılmaya karar verdi. Birçok tavsiyelerde bulunan komiser yardımcısının sesini artık duymaz olmuştu. Bakışlarını karısından kaçırıyordu. Çünkü Fatma Hanım, tekrar hıçkırık komasına girmiş; kâh "Allah'ım!" diyor, kâh "yavrum!" diye inliyordu. Çok perişandı. Gözyaşları hiç dinmiyordu. Odadaki herkes ağlamaklıydı. Bahçıvan, yüzünü iki eliyle kapatmış, dirseklerini dizlerine dayamış hiç kıpırdamadan oturuyordu. Belki o da ağlıyordu. Ayşe Kadın'ın ağlaması zaten hiç durmamıştı.

Abdullah Bey daha fazla dayanamadı. Hiç konuşmadan çıkıp arabasına bindi. Köşkün önünden ayrıldığında kendini daha fazla tutamayıp o da ağlamaya başladı.

Eşkıya Panik İçinde

Abdullah Bey'in parayı bırakacağı, terkedilmiş benzin istasyonunun on km kadar ilerisinde, yoldan 500 metre kadar içerde, ağaçlar arasında, yine terk edilmiş ahşam bir evde Apo ile Romantik konuşuyordu. Osman, yere katlanarak serilmiş bir battaniye üzerinde oturuyordu. Evde eşyaya benzer hiçbir şey yoktu.

Apo saatine baktı.

– Kaç olmuş, diye sordu Romantik.

– Beş, dedi Apo.

– Daha vakit var mı, diye tekrar saf saf sordu Romantik.

Apo cevap vermedi. Romantik üstelemedi. Canı sıkılmıştı.

– Çocuğu ağaçların altında gezdireyim mi, diye sordu.

– Evin çevresinden uzaklaşma, dedi Apo.

Romantik, Apo'nun fikir değiştirmesinden korkarak Osman'ı kucaklayıp hemen dışarı çıktı. Osman içinde bulunduğu kötü durumdan habersiz küçük beyaz ellerini ağaç dallarına uzatıyor, tutabildiği yaprakları koparıyor, bu işten zevk aldığını Romantik'in kucağında zıplayarak anlatmaya çalışıyordu.

Ağaçlar arasında yarım saat dolaştılar. Camı, çerçevesi bulunmayan yıkık bir pencereden Apo, onları izliyordu.

Sonra ağaçların arasından Zevzek'in hızla geldiğini gördü. Zevzek'in telaşlı hâli onu endişelendirmişti. İçeri girince nefen nefese sordu;

– N'oldu? Çabuk söyle, bir aksilik mi var?

– Durumu polise bildirmişler.

– Emin misin?

– Elbette. Sabahleyin köşke, satıcı kılığında iki adam girdi. İçerde üç saat kaldılar. Bahçıvandan hiçbir sinyal alamadığım için bekledim. Sonra adamlardan biri çıkıp gitti. Biri içerde kaldı. Telefon ettim Abdullah Bey'e "yalnızım" dedi. Talimatı tekrarlayıp, telefonu kapattım. Bahçıvandan işaret beklemeye başladım.

– Satıcı üç saat bir evde kalmaz. Sora niçin; biri çıkıyor da diğeri kalıyor? Polise bildirdikleri kesin.

– Fakat bahçıvan sinyal vermedi, dedi Zevzek.

– Belki ondan şüphelenmişlerdir...

Zevzek birden hatırladı:

– Sonra Abdullah Bey Köşkten yalnız ayrıldı. Bir saat kadar bekledim. Ancak dörtte bahçıvan balkona çıkıp ensesini kaşıdı.

– Çabuk toparlanın gidiyoruz, dedi Apo.

– Bak Apo, dedi Zevzek. Acele etme burayı kimse bilmiyor. Bir plan yapalım. Belki Abdullah parayı getirir. Kaptı kaçtı yaparız.

Apo öfkeyle dişlerini sıktı:

– Sen gerçekten zevzeksin. Abdullah'ın parayı bırakacağı yerde polis çoktan tertibat almıştır. O parayı şimdilik aklından çıkar.

Bir an düşündü. Aniden sordu:

– Arabayla mı geldin?

– Deli miyim ben, arabayı evin önüne bıraktım! Buraya otobüsle geldim, dedi Zevzek.

– İyi ki bunu düşünebilmişsin. Biz de bir yolcu otobüsünü durdurur bineriz. Önce eve gidip bazı ipuçlarını ortadan kaldırmalıyız. Daha sonra ne yapacağımıza orada karar veririz, dedi ve dışarı çıktı Apo.

Romantik çocuğu battaniyeye sarmıştı ki Apo gürler gibi:

– Bırak o çocuğu yerine, dedi.

– Anlamadım. Çocuk burada tek başına...

– Dert mi... Şansı varsa kurtulur.

– N'olur yapma.

– Sorun çıkarma bana, zaten işler sarpa sardı. İşine bak!

– Allah kahretsin, dedi Zevzek, bunca emek harca, boşa gitsin.

Anayola doğru inen patikada yürümeye başladılar. Romantik sezdirmeden dönüp dönüp eve bakıyordu. Osman'ı battaniye üzerine oturtmuş, eline de bir demet kır çiçeği tutuşturmuştu. Birkaç saat sonra hava kararacaktı. Bu ıssız dağ başında minicik yavrunun hâli ne olurdu? Birkaç defa durakladı. Ayakları ölüm korkusuna rağmen yürümek istemiyordu. Geri dönmek, Osman'ı bağrına basmak ve "Çocuğu burada bırakmam." diye haykırmak geliyordu içinden. Apo düşüncelerini anlamış gibi sırtından iterek:

– Bu olayı da çocuğu da unut! Kafam yeterince bozuk. Canını seviyorsan yürü, dedi.

Yürüdü Romantik. Apo'nun aklına eseni hemen yapacağını biliyordu. Zevzek ise, parayı kaybetmenin hırsıyla, dudaklarını ısırıyordu.

Yola indiler. On dakika sonra bir otobüs durdurabildiler. Otobüste hiç konuşmadılar. Yalnız Pendik kavşağına yaklaşırken Apo; Zevzek'e yavaşça:

– Sen arabayı Üsküdar'a getir, dedi.

Bu talimatı Romantik'e duyurmadı. Romantik, Zevzek'in indiğini gördü ama yanında oturan Apo'da bir hareket görmeyince aldırış etmedi. Zaten aklı, dağ başındaki evde kalan çocuktaydı...

Otobüs garına geldikleri zaman ortalık henüz kararmamıştı. Romantik, bugün akşamın olmasını hiç istemiyordu. İlk defa Apo ve Zevzek'ten iğrenmişti. İstedikleri olmayınca masum bir çocuğu dağ başında yapayalnız bırakacak kadar canavarlaşmışlardı. Acaba ne yapıyordu şimdi? Belki çığlık çığlığa ağlıyordu. Ağlamasını anayoldan kimse duyamazdı. Çünkü arabalar çok hızlı gelip geçiyorlardı.

– Niçin daldın, dedi Apo.

Romantik, omuzlarını silkti. Yanındaki Apo'nun varlığını unutmuştu.

Dağ başında kalan çocuk Apo'nun umurunda değildi. Şeytanca bir plan kurmuş, bu plan neticesinde beş yüz bin lira kazanmayı düşlemişti. Ama planı suya düşmüştü.

– Beni dinle, dedi Apo, eve teker teker gideceğiz. Biliyorsun Zevzek yarı yolda inip eve gitti. Şimdi sen de gideceksin. Ben, gece yarısı gelirim. Zevzek arabayı saklayıp gelecek. Işıkları hiç yakma. Yemek için lazım olursa, perdeyi sıkıca kapatıp mutfak lambasını yak.

Romantik hiç cevap vermeden uzaklaşmak istedi. Daha bir adım atmıştı ki, Apo onu kolundan tutup hızla kendine doğru çekti.

– Bir delilik edip çocuğun yanına gitmeyesin, dedi. Ben şimdi polise telefon edip çocuğun yerini bildireceğim. Oralara gidersen yakalanır, doğru hapishaneye gidersin. Çocuk kaçıran çetenin kadın elemanı diye gazetelerde boy boy resmin çıkar. Hâlk seni parça parça eder.

– Sahiden çocuğun yerini bildirecek misin polise, dedi Romantik.

– Elbette bildireceğim, dedi Apo. Çocuk oralarda ölürse bizi yakaladıkları anda asarlar.

– Buna sevindim, dedi Romantik. Ben doğru eve gidiyorum. Hiç ışık yakmam. Siz gelene kadar yemek de yemem. Ama istiyorsan size yemek hazırlarım.

– Hazırla ama, bakkala filan gitmek yok.

– Tamam, dedi Romantik.

Sonra, küçük bir kız çocuğu gibi zıplayarak uzaklaştı.

Romantik gözden kaybolunca Apo şeytanca güldü. Sonra Üsküdar'ın yolunu tuttu.

Üsküdar'a geldiği zaman hava iyice kararmıştı. Zevzek kararlaştırdıkları gibi arabayla onu bekliyordu.

Apo'nun arabaya yalnız bindiğini gören Zevzek hayretini gizleyemedi:

– Romantik'i ne çabuk ektin?

– Artık çekilmez oldu, dedi Apo.

Zevzek korkuyla durakladı.

– Ya doğru polise giderse!

– Bilirsin; Romantik robot gibidir. O'nu eve gidip bizi beklemeye programladım, dedi Apo. Hem de bize yemek hazırlayacak.

– Emin misin, dedi Zevzek, çok rahat konuşuyorsun.

Apo bir baş işaretiyle emin olduğunu belirtti. Sonra:

– Şimdi şu arabayı elden çıkaralım önce, dedi. Sonra da bir müddet İstanbul'dan uzaklaşalım.

– Polis eninde sonunda bu işi bizim yaptığımızı öğrenecek, dedi Zevzek. Romantik'i temizleseydik, şahit kalmazdı.

– Öldürmek yok, diye kestirip attı Apo.

Birçok insana zarar veren iki eşkıyanın bindiği beyaz Mersedes, çalımlı virajlar alarak, Üsküdar'dan ayrıldı.

Ümit Dolu Bekleyiş

Terk edilmiş benzin istasyonuna para çantasını bırakan Abdullah, hiç vakit kaybetmeden kendisine, telefonla çocuğun yerinin bildirileceği lokantaya gitti ve heyecanla beklemeye başladı.

Köşede sakin bir masaya oturmuştu. İsteğini soran garsona; yemek yemeyeceğini, mühim bir telefon beklediğini söylemişti.

Vakit bir türlü geçmek bilmiyordu. Burası çok hareketli bir yerdi: Giren, çıkan, yemek yiyen, çay içen, yüksek sesle konuşan, köşelerde uyuklayan bir sürü insan vardı. Yoldan bir otobüs ayrılıp lokantanın önüne yaklaşınca, bozuk bir ses, otobüs şoförüne ve yolculara hoş geldiniz diyordu. Otobüsten inen yolcular, sendeleyerek lokantaya giriyorlardı.

Abdullah Bey bütün dikkatini telefona yöneltmiş bekliyordu.

Bir saat içinde belki yirmi defa saatine baktı. Saat dokuzu gösterdiği zaman kalbi heyecandan dışarı çıkacakmış gibi oldu. Dizlerinin titrediğini hissetti.

– Merhaba Beyefendi...

Abdullah Bey bayılacak gibi oldu.

Selam veren, telefonlu masanın başında oturan pos bıyıklı adamdı.

– Affedersiniz. Ben bu lokantanın sahibiyim. Adım Rıza Özcan, dedi.

– Memnun oldum. Abdullah Vurmazoğlu...

– Yemek emreder miydiniz, dedi Rıza Bey.

– Teşekkür ederim. Daha sonra belki alırım.

– Hiç değilse bir kahvemizi buyurun!

Abdullah Bey itiraz etmek için mazeret bulamadı. Garsonun getirdiği kahveyi içtikten sonra midesinde tuhaf bir burkulma hissetti. İki gündür yemek yemediğini hatırladı. Bu yüzden kahvenin dokunduğunu anladı.

Saat on olmuştu. Abdullah'ın içine müthiş bir korku düştü. Niçin telefon etmiyorlardı. Niçin, "Oğlun filan yerde." demiyorlardı?

Ah! Bu sözü bir duysa, kalbindeki ağırlık kalkıverecekti. Osman'ın yerini bildirseler; kim bilir nasıl fırlayacaktı yerinden. Yıldırım hızıyla yetişecekti yavrusuna. O'nu bağrına basacak, dakikalarca koklayacak, sonra aynı hızla köşkün yolunu tutacaktı. Acılı bir annenin kavuştuğu yavrusunu kucaklayışını, öpüşünü, koklayışını, saadet dolu gözyaşlarıyla seyredecekti.

Ama telefon gelmiyordu. Osman'a kötü bir şey

mi olmuştu? Istırap ve heyecanından habersiz insanlar arasında, saatlerce beklemişti. Hiç kimseye derdini anlatamazdı. Hem anlatsa da bunu bir faydası olmazdı.

Saat on bir... Abdullah Bey'in yüreği bir mengenede sıkılır gibi oldu. Kötü ihtimallerden başkası gelmiyordu aklına. "Ölü çocuk hediye ederiz." cümlesi, beyninde yankılanmaya başladı.

Hava almak bahanesiyle dışarı çıktığı zaman, saat onikiyi de geçiyordu. Ümidi iyice kesilmişti.

İleride karanlığa park etmiş otomobilden bir adam indi. Abdullah Bey adamın kendisine doğru geldiğini görünce çok heyecanlandı. Karaltı iyice yaklaşınca, bunun Komiser Mahmut Bey'den başkası olmadığını anladı. Mahmut Bey kesik kesik, öfkeli bir sesle:

– Bir aksilik oldu. Ama anlayamadım, dedi.

–N'oldu, diyebildi Abdullah Bey.

Mahmut Bey bir müddet konuşmadı. Sonra bitkin bir sesle:

– Terk edilmiş benzin istasyonuna bıraktığınız parayı kimse almadı. Bize haber verildiğini öğrendiler herhâlde.

– Oğlum! diye inledi Abdullah Bey. Osman'ım gitti.

– Lütfen Abdullah Bey, dedi Komiser, kendinizi bırakmayın.

Abdullah Bey, alaca karanlıkta hıçkırığa benzer bir ses çıkardı ve olduğu yere yıkıldı.

Köşkte Matem Havası

Abdullah Bey'i köşke yarı baygın getirdiler. Gece yarısına kadar zaten heyecandan çıldıracak hâle gelen Fatma Hanım'ı artık kimseler teselli edemedi. Dizlerine vura vura ağlıyor, bir aşağı iniyor, bir yukarı çıkıyordu. Osman'ın elbiselerini, patiklerini, çamaşırlarını öpüp kokluyor, "Yavrum nerelerdesin?" diye feryat ediyordu.

Komiser Mahmut Bey telefonla, aile doktorunu ve yakın akrabalarını durumdan haberdar etmişti. Gece yarısı köşkün salonu dostlarıyla dolmuş, bu feci olayı öğrenen herkes ailenin acısını paylaşmak için gayret sarf ediyordu. Ama kimse dertlerine çare olamazdı. Şu anda minicik Osman'ın yerini bilen yoktu.

Fatma Hanım'ın babası Hacı Ömer Efendi, kızının çırpınışlarına, damadının dili tutulmuş gibi duruşuna, bu kadar acı çekmelerine tahammül edemiyordu. Merdivenin ortalarına doğru çıkıp, yüksek sesle şöyle diyordu:

– Susun! Bırakın ağlamayı! Buraya, bu ailenin acısını azaltmak için koşup geldik. Ama hepimiz ağlayıp, yüreklerindeki ateşi körüklüyoruz.

– Ağlamayıp da ne yapalım Hacı Dede. Osmancık hepimizin çok sevdiği bir çocuktu. Onu sevebilmek için babamdan kaç defa izin alıp, burada geceledim.

Bu sözlerin sahibi Abdullah Bey'in Edebiyat Fakültesinde okuyan yeğeni Zarife idi. Hacı Dede, nur yüzünden sakalına doğru inen gözyaşlarını kuruladı.

– Allah'tan ümit kesilmez. Benim demek istediğim şu ki; oturup düşünelim; yapabilecek ne varsa onu yapalım.

"Doğru", "Elbette" gibi sesler duyuldu.

İlk akla gelen gazetelere ilan vermekti. Zarife hemen ilanın metnini yazdı. Osman'ı güzelce tarif edip, getirene büyük ödül verileceğini de ilave etti. Araştırma işini tamamen polise bırakmayı uygun buldular.

Doktor, Fatma Hanım'a ve Abdullah Bey'e sakinleştirici iğne yaptı. Kadınlardan birkaçına da heyecan yatıştırıcı ilaç verdi.

Sabahın ilk ışıkları köşkün pencerelerinden süzülmeye başladığında Abdullah Bey ve Fatma Hanım derin bir uykuya yatmışlardı. Yapılan iğnelerin tesiri ve iki günlük uykusuzluğun verdiği bitkinlikle dalıp gitmişlerdi.

Hain bahçıvan, karısı Ayşe Kadınla, bahçedeki iki odalı evlerine çekilmişlerdi. Ayşe Kadın uyumuş, bahçıvanı, ihanetinin sebep olduğu felaketin etkisiyle, uyku tutmamıştı. Çocuğun yerini bilse bir yolunu bulup söyleyecekti. Eline para da geçmeyecekti. Belki sonunda yakalanıp hapse girecekti. Bu işe girdiğine çok pişman olmuştu. O adamları tanıdığına lanet etti.

Abdullah Bey'le karısının konuşmasını gizlice duymuş, çelik dolabın gizli gözüne para sakladığını öğrenmişti. Üsküdar'da bir kahvede tanıştığı Zevzek'e, laf olsun diye bunu söylemişti. Zevzek bahçıvanın kafasına girmiş, Apo'yla tanıştırmıştı ve köşkün içinin planını almıştı. O gün dolapta para bulsalar, güya dörtte birini Üsküdar'daki kahvede bekleyen bahçıvana getireceklerdi.

Soygunun yapılacağı günün sabahı Fatma Hanım'dan izin almışlar, Üsküdar'da oturan, Ayşe Kadın'ın abisinin evine gitmişlerdi. Ayşe Kadın'ın hiçbir şeyden haberi yoktu. Bahçıvan karısını oraya bırakıp, hava alacağım diye kahveye gitmişti. Cüzdanlar dolusu para beklerken, Zevzek nefes nefese gelmiş, paranın yerinde olmadığını çocuğu kaçırdıklarını fidye isteyeceklerini söylemişti. Bahçıvan işin karıştığını görünce korkmuş, "ben karışmam." demişti. Zevzek, eğer yardım etmeye devam etmezse, Abdullah Bey'e telefon edip: "Paranın yerini bahçıvan söyledi derim." deyince korkudan titremeye ve yalvarmaya başlamıştı. Zevzek, eğer polise bildirirlerse soldaki balkona çıkıp devamlı ensesini kaşımasını istemişti. O da böyle yapmıştı.

Apo ile Zevzek'in evini bilmiyordu. Pis bir işe bulaştığını anladı. Ayşe Kadın'ın yanında uyuyan oğluna baktı.

Osman'ın köşkten kaçırılışının üçüncü günü, İstanbul gazetelerinde olayla ilgili haberler ve ilanlar çıkmıştı. Yüzlerce insan Osmancığın dramına üzüntü duymuş, bir çokları onun için ağlamıştı. "Vurmazoğlu" ailesinin biricik yavrularına kavuşmaları için, anneler, babalar, çocuklar dua etmişti. Tabii onu kaçıranlara da lanet ediyorlardı.

Bu haber ve ilanları herkes gibi, Apo ve Zevzek de okumuşlu. Çocuğu bulana verilecek ödülü duyunca ne yapacaklarını şaşırmışlardı. Zevzek yumruklarını vurarak bağırıyordu:

– Bu ödülü almanın mutlaka bir yolunu bulmalıyız.

Apo, bakışlarını bir noktaya çivilemiş şeytanca planlar kuruyordu.

– Eee! dedi Apo. Bakalım çocuk hâlen yaşıyor mu?

Zevzek olduğu yerde donmuş gibi kaldı. İşin bu yönünü hiç düşünmemişti. Çocuğu o ıssız evde bırakalı iki gece olmuştu. Parmak kadar çocuk dağ başında, bir başına bunca zaman nasıl sağ kalabilirdi.

– Gidip hemen bakalım, dedi Zevzek.

Apo zayıf bir ümitle konuştu:

– Çocuğu sağ bulursak gerisi kolay, dedi.

Tophane'de eski bir hapishane arkadaşlarının evinde kalıyorlardı. Planı hemen hazırladılar.

Tophanelinin arabası ile çocuğu bıraktıkları yere gideceklerdi. Arabada Tophaneli ve karısı da olacaktı. Eğer çocuğu sağ salim bulurlarsa; Apo ve Zevzek ortada görünmeyecek, diğerleri, "biz bulduk" diye mükafatı alacaklar, hep birlikte bölüşeceklerdi.

Vakit kaybetmeden yola koyuldular. Çocuğu bıraktıkları evin hizasına gelince durdular. Apo ve Zevzek indi. Diğerleri bir kilometre kadar ileri gidip arabayı park ettiler.

Apo ve Zevzek, anayolun tenhâlaştığı bir sırada, ağaçların arasından yukarıya doğru tırmanmaya başladılar. Terk edilmiş eve yaklaşınca heyecanları doruk noktasına gelmişti. İkisi de bıraktıkları gibi oynamaya devam eden küçük bir bebekle karşılaşacaklarını umuyorlardı. Onları, belki de bir bebek ölüsü bekliyordu.

Ahşap evin yanına gelince, beklemedikleri bir şey oldu. Romantik, elinde kalınca bir sopa, gözleri yuvasından fırlamış, çılgınca onlara saldırdı. Sesinin çıktığı kadar bağırıyordu:

– Canavarlar! Katiller!

Apo, Romantik'in rastgele savurduğu sopadan bir iki isabet aldı. Sonunda onu kıskıvrak yakaladı. Zevzek neye uğradığını şaşırmıştı.

– Hani polise çocuğun yerini bildirecektin. Beni de ektiniz değil mi, diye haykırdı Romantik.

– Nerede çocuk? Ölmüş mü, dedi Apo.

Zevzek şaşkınlıktan kurtulup içeri daldı.

– Yok çocuk! diye bağırdı Romantik. İki saattir arıyorum yok işte.

– Niçin geldin buraya? Çocuğun ailesine teslim edip iki kuruş ödül almaya değil mi, dedi.

– Umurumda değil büyük ödül. Çocuğu bulsam ailesine teslim edip işlediğim günahın bedelini ödeyecektim dedi, Romantik.

Apo acı bir kahkaha attı:

– Çocuk da paralar da gitti, dedi.

Zevzek evden çıkıp etrafı aramaya başlamıştı. Öfkeyle bağırdı:

– Ölüsü bile yok, dedi. Havaya uçmadı ya.

Apo ellerini gevşetip Romantik'i serbest bıraktı. Elindeki sopayı almayı da unutmadı.

– Sakin ol şimdi, dedi Apo. Çocuğu son defa birlikte arayacağız. Belki de düşe kalka yürüyerek, şu düzlükten uzaklaşmıştır.

– Burnunuz para kokusu aldı değil mi, dedi Romantik. Ben bırakmak istemeyince ölümle tehdit ediyordun. Arayın isterseniz. Ben her yana baktım. Yavrucak yok olmuş.

Romantik hıçkıra hıçkıra ağlamaya başladı. Bir yandan da söyleniyordu:

– Ne aptal biriyim ben. Senin gibi canavara inandım. İki gece bekledim. Beni eve gönderince doğru buraya gelsem onu mutlaka bulurdum, dedi.

– Yeter dırdır ettiğin, dedi Apo, kalk ayağa. Sen de bizimle arayacaksın çocuğu.

– Artık sana itaat etmiyorum, diye haykırdı Romantik.

– Öldürürüm seni, dedi Apo yavaşça.

– Öldür haydi. Ne duruyorsun? Zaten yaşamaktan bıktım. Çocuğu bulamayınca ben de hep bunu düşündüm, dedi Romantik.

Zevzek, ölümlü münakaşanın uzun süreceğini anlayınca yürüdü. Apo'nun gösterdiği düzlükte, çalı diplerine kadar her yeri aramaya başladı.

Apo büyükçe bir taşın üzerine oturdu. Çocuğun nereye gitmiş olabileceğini tekrar düşünmeye başladı. Arabayı satmışlar fakat İstanbul'dan ayrılmamışlardı. Tophaneli buna lüzum olmadığını, evinde istedikleri kadar kalabileceklerini söylemişti.

Şimdi, Tophaneli ve karısı aşağıda büyük ödülün hayalini kuruyor olmalıydılar. Romantik'le karşılaşmaları iyi olmamıştı. Artık onu aldatamazlardı. Yanlarında götürseler gelmezdi. Bıraksalar polise gidip her şeyi anlatırdı. Bir tek çıkar yol kalıyordu: Onu öldürmek! Her suçu işlemiş ama hiç adam öldürmemişti. Bu işi yapamayacağını hemen anladı. Romantik'e baktı. Bu kadından kurtulmanın bir yolunu bulmalıydı. Gözlerinde şeytâni pırıltılar dolaştı. Birden üzerine atılıp Romantik'i yakaladı. Romantik neye uğradığını şaşırmış, var gücüyle karşı koymaya çalışıyordu. Apo'nun iri ve sert ellerinden kurtulmak imkânsızdı. Apo, onun kollarını belinden çıkardığı uzun kemeri ile arkasına sımsıkı bağladı. Sonra da silahını çekip karşısına dikildi.

– Beni dinle, dedi Apo, seni öldürmek istemiyorum. Ama bağırırsan gözümü kırpmadan tetiğe basarım.

Apo'nun sesi, sert ve kararlı çıkıyordu. Romantik korkuyla beklemeye başladı.

Bu sırada Zevzek gelmişti. Hayretle sordu:

– Heey! Ne diye bağlıyorsun onu?

Apo cevap yerine:

– Git arabadan ip getir. Bu kemerden çabuk kurtulur, dedi.

– N'oluyor? Söylesene!

– Sana çabuk ip getir dedim.

Hızla anayola doğru indi.

Zevzek'in arabadan ipi alıp getirmesi yirmi dakika sürdü. Bu zaman zarfında Apo hiç konuşmadı. Elleri ve ağzı sımsıkı bağlı Romantik, Apo'yu nefretle seyrediyordu. Kendisini niçin bağladıklarını bilmiyordu. Ama merak da etmiyordu. Bundan sonra başına ne gelirse gelsin umurunda değildi.

Apo, Zevzek'in getirdiği kalın iple, Romantik'i bir ağaca sımsıkı bağladı. Omuzlarından ayak bileklerine kadar O'nu her yerinden ağaca iyice sardı.

– Bu da senin cezan, dedi Apo.

Zevzek'e dönüp,

– Haydi gidiyoruz, dedi.

Zevzek şaşkın şaşkın bakıyordu. Birden parladı.

– Bunu burada mı bırakacağız?

– Elbette.

– Yeter artık, diye bağırdı Zevzek. Bu kız bir yolunu bulup kurtulur. Ve intikam almak için her şeyi yapar. En iyisi onu ortadan kaldırmak...

Sözünü bitirir bitirmez silahını çıkardı. Daha doğrultmaya fırsat bulmadan çenesine, sersemletici bir yumruk yedi. Silah elinden fırlamıştı.

Romantik'in gözleri fal taşı gibi açılmış, korkuyla onları seyrediyordu. Yine yüreğine ölüm korkusu girmişti.

– Öldürmek yok, dedi.

– Apo pişman olacaksın, dedi Zevzek, bir defa da beni dinle.

– Olmaz, dedi Apo. Hemen toparlan gidiyoruz.

Zevzek yumruklanan çenesini ovuşturarak kalktı. Apo'nun peşisıra anayola doğru yürümeye başladı.

Arabaya binip yola koyulunca, Tophaneli ve karısına olup biteni kısaca anlattılar.

Eve vardıklarında saat henüz iki civarıydı. Ağustos'un yakıcı sıcağı, moralleri hayli bozulmuş bu insanların omzuna kızgın demir gibi oturmuştu.

Tophaneli'nin karısı evde yemeklik kalmadığını söyleyerek alışverişe çıktı. Daha doğrusu aklına koyduğu güzel bir planı uygulamaya karar verdi. Kocası yıllardan beri doğru dürüst evine bakmıyordu. Zaten yılda en az bir defa hapse girerdi. Kendisini de hırsızlığa alıştırmıştı. Üstelik beklenmedik bu misafirler başına bela olmuştu. Masum bir çocuğu kaçırıp dağ başında bıraktıkları yetmiyormuş gibi, şimdi de zavallı genç bir kızı aynı yere bağlı bırakmışlardı. Bu canavarlardan kurtulmanın zamanı gelmişti. Doğruca karakola gidip durumu komisere açık açık anlatarak:

– N'olur benim ihbar ettiğimi söylemeyin, diye yalvardı.

Komiser O'na teminat verdi:

– Korkma, dedi. Sen şimdi pazara git, alışverişini yap. Hiçbir şeyden haberin yok gibi evine dön.

Tophaneli'nin karısı, komiserin dediğini yaptı.

On dakika geçmeden eve baskın yapılmış, üç eşkıya kıskıvrak yakalanmıştı. Durum İstanbul Emniyet Müdürlüğüne bildirilmişti. Emniyet Müdürü suçluların sıkı güvenlik altında olay yerine götürülmesini emretmiş, telefonla Abdullah Bey'i arayıp, Osman'ın terk edildiği evden kaybolduğunu fakat suçluların yakalandığını bildirmişti.

Bir saat sonra, Romantik'in iplerini bizzat çözen Emniyet Müdürü, yardımcılarına ve yirmi kadar polise emirler yağdırıyor, çevreyi iyice aramalarını en ufak bir ipucu bulurlarsa durumu hemen bildirmelerini istiyordu.

Aramaya, Abdullah Bey ve yakınları da katılmıştı. Anayoldan civar köylere kadar geniş bir arazi karış karış aranmıştı. Çalı dipleri, ağaç kovukları, çukurlar, kayaların arası, mağaralar, dereler hep aranmış en ufak bir iz dahi bulunamamıştı.

Abdullah Bey'in yakınları eşkıyalara saldırıp linç etmek istemişler, polisler mani olmuştu. Emniyet Müdürü, Apo, Zevzek ve Tophaneli'yi polis arabasının içine götürüp sorguya çekmişti. Romantik, ipleri gevşeyince baygın yere düştüğü için hastaneye gönderilmişti.

Akşam karanlığı basınca herkesin ümidi kesildi. Abdullah Bey ve yakınları köşke döndü. Polisler de arabalarına binip karakollara döndüler. Eşkıyaları ikinci şubede bir hücreye kapattılar.

Hasta olduğu için, Osman'ı kaçıranların yakalandığını, Osman'ın terk edildiği yerde bulunamadığını Fatma Hanım'a söylemediler. Fatma Hanım geç vakit üzgün üzgün eve dönen Abdullah Bey'e ve yakınlarına ısrarla sormuştu:

– N'oldu anlatın Allah aşkına? Benden bir şeyler saklıyorsunuz. Yoksa Osman'ımı öldürmüşler mi? Söyleyin ne olduğunu.

Hiç kimseden ses çıkmadı. Kızının feryadına dayanamayan Hacı Ömer Efendi teselli dolu sözlerle, alıştıra alıştıra durumu anlattı. Elini, ağlamaktan sarsılan omzuna koyarak:

– Henüz ümitler tükenmedi, dedi. Mademki ölüsü bulunamadı. Demek ki yavrun henüz yaşıyor.

– Nerede, diye inledi Fatma Hanım.

Yine hıçkırıklar duyuldu. Yine gözlerinden sicim gibi yaşlar aktı. Herkes boynunu bükmüş, kara kara düşünüyordu. Artık fikir yürüten yoktu. Osman'ın bulunmasından hemen hepsi ümidini kesmişti. Kızı Fatma Hanım'a teselli veren Hacı Ömer Efendi dahi, bu işe akıl yetirememişti.

Sessizliği, zil sesi bozdu. Abdullah Bey kapıyı açınca karşısında Ayşe Kadın'ı kucağında çocuğu ile boynu bükük bekler buldu. Hastalıklı çıkan sesiyle sordu:

– Ne var Ayşe Kadın? Niçin içeri girmiyorsun?

– Hangi yüzle gireyim efendim, dedi Ayşe Kadın. Biliyorsunuz, eşkıyaya kocam yardım etmiş, ikindi vakti bizi alıp götürdüler. Benim hiçbir şeyden haberim olmadığına inanıp, bıraktılar. Bu felaketinize kocam sebep oldu. Ben hangi yüzle adım atarım hanenize? İnanın benim suçum yok. Hiçbir şeyden haberim de yok. Olsa vallahi derdim size...

Ayşe Kadın ağlıyordu. Yürekten gelen acılı sesiyle devam etti:

– Artık yüzünüze de bakamam. Hele Fatma Hanım'a ne derim? Bunca atalık ettin bize. Senden gördüğümüzü öz atamızdan görmedik. Fatma Hanım'ın iyiliklerini, öz anamız, bacımız etmedi. Hakkınızı helal edin. Fatma Hanım'a da deyin, beni bağışlasın.

– Suçlu kocandı, cezasını buldu. Senin bunda günahın yok. Bizi böyle kara bir günde bırakıp gidersen seni hiç bağışlamayız. Hadi gir içeri, dedi Abdullah Bey.

– Elinizi öpeyim efendim. Çok utanıyorum. Bugün bari müsaade edin abime gideyim.

Fatma Hanım son konuşmayı duymuştu. Hayretle:

– Nereye gidiyorsun? Kimden utanıyorsun?

Abdullah Bey bahçıvanın eşkıyaya yardım ettiğini, onun da hapse konduğunu anlattı.

Fatma Hanım öfkeden kıpkırmızı olmuştu.

– Ne zaman gittiniz karakola, dedi.

Ayşe Kadın utanarak cevap verdi:

– İkindi vakti. Siz uyuyordunuz. Bizi bahçedeki evimizden alıp götürdüler.

– Ayşe Kadın hiçbir şeyden habersiz olduğu hâlde, kocasının yaptığından utanıp gitmek istiyor, dedi Abdullah Bey.

– Hiç olur mu, diye söylendi Fatma Hanım.

Ayşe Kadını kolundan tutup içeri aldı. Üç gündür kendisiyle beraber aç ve uykusuz duran bu kadın suçsuzdu. Acılarına yürekten katılmış, üzülmüş, ağlamıştı.

Fatma Hanım, ağlamaklı bir sesle:

– Senin suçun yok. Kocan olacak o adam, gerçekten hainmiş. O, bu eve bir daha ayak basamaz. Ama senin için kapımız daima açıktır, dedi.

Ayşe Kadın bu büyüklük karşısında ezile ezile ağlıyordu. Fatma Hanım ona çocuğunu doyurup yatırmasını söyledi.

Vakit gece yarısını bulmuştu. Üç gündür uykusuz, aç, perişan olan Abdullah Bey, karısı ve yakınları, o geceyi matem içinde geçirdiler. Herkes oturduğu yerde zaman zaman uykuya dalıyordu.

Hacı Ömer Efendi, Abdullah Bey'in çalışma odasında, yanık bir sesle Kur'an okuyordu. Herkes bu sesi, yüreğindeki acıyı dindirmek için teselli gibi dinliyordu.

Herkes, işini gücünü yüzüstü bırakıp günlerce burada kalmıştı. Bu yaralı aileyi dertleriyle başbaşa bırakmak doğru değildi, ama nasıl olsa gideceklerdi. Yine Hacı Ömer Efendi, herkese önayak olup Abdullah Bey'den ve kızından izin istedi. Dualar ve temennilerle ayrılıp gittiler.

Abdullah Bey, Fatma Hanım, Ayşe Kadın ve çocuğu, yürekleri yaralı olarak bu acı hayata kendilerini yavaş yavaş alıştırmaya çalıştılar.

Gerçi hiçbirinin ümidi tamamen kesilmemişti. Osman kayıplara karışmıştı. Ama belki yarın veya bir başka gün kapı çalınır onlara büyük müjde verilirdi. Buna inanmak, bunu beklemek lazımdı.

Yalnız kaldıkları zaman Abdullah Bey karısına:

– Hiç ümidini kesme, bir gün mutlaka ondan haber gelecek. Buna inan, dedi.

Fatma Hanım ümidini kesmeyecek, Osmancığın geri dönmesi için hep dua edecekti. "Allah'ım sevdiklerin aşkına sevdiğimi ver." diyecekti...

Osman'a Ne Oldu?

Şimdi üç gün öncesine dönelim ve Osman'a ne oldu öğrenelim.

Osman'ın dağ başındaki eve terk edildiği günün akşamıydı. İstanbul'dan kamyonunu yükleyen Şoför Ali, yanında muavini Garip'le Ankara'ya doğru gidiyorlardı. Gündüzleri çok sıcak olduğu için yolculuk zor oluyor, ısınıp gevşemiş olan asfaltta tekerler hemen patlıyordu. Onun için gece yol almaya karar vermişlerdi. Yola çıkalı yarım saat olmamıştı ki, şoför Ali direksiyonun sola çektiğini fark etti, arabayı durdurdu. Muavinine:

– Garip tekerleri bir yokla hele, tamirciye avuç dolusu para verdik yine de olmadı, dedi.

Garip, arabadan inip tekerleri yokladı. Hepsi de sağlamdı.

– Usta; hepsi sağlam, diye bağırdı.

Ali öfkelenmişti. Aşağıya inip tekerleri tekrar yokladı. Sol arka tekerin hava kaçırdığını fark etti.

– Hani hepsi sağlamdı, dedi. Kulağında mı duymuyor fısıltıyı?

Söylene söylene tekeri değiştirmeye başladılar. İşleri bir saat kadar sürdü. Ali tekrar direksiyona geçti. Garip, ihtiyacını gidermek için ağaçların arasına gitti.

Garibin dönmesi uzun sürünce Ali iyice sinirlendi.

– Garip, nerede kaldın, diye bağırdı.

Garip nefes nefese geldi:

– Usta yukardan, ağaçların arasından feryat eden bir çocuk sesi geliyor, dedi.

– Senin kulağına sesler gelmeye başladı, diye alaylı konuştu Ali. Buralarda ev filan yok.

– Vallahi çocuk ağlaması duydum, dedi Garip. Hem de boğuk boğuk ağlıyordu.

– Oğlum, zaten geç kaldık. Boşuna uğraştırma beni, diye sinirli sinirli konuştu Ali. Hadi bin de gidelim.

– Ne olur ustam. El fenerini ver de ben bakayım, dedi. On dakika sürmez.

Garip, ustasının öfkesine aldırış etmedi. Feneri kaptığı gibi sesin geldiği tepeye doğru koşmaya başladı. Tepeye yaklaştı. Boğuk boğuk ağlayan çocuğun sesini daha iyi duyuyordu. Fakat burada bir ev vardı. Demek ki bu evin çocuğu ağlıyordu. Durdu. Acaba geri dönse miydi? Ya sahibi çıkar da "Ne arıyorsun?" derse ne diyecekti. Tam geri dönecekken evin damı dikkatini çekti. Karanlık olduğu hâlde damın düzgün olmadığını bir tarafının çökük olduğunu fark etti. Daha önce feneri yakıp eve doğru tutmaya cesaret edememişti. Damın yıkıklığını fark edince, feneri evin duvarlarında gezdirdi. Ancak o zaman buranın terk edilmiş bir ev olduğunu anladı. Işığı yakmasıyla beraber çocuk sesini yeniden duydu. Evin kapısını aydınlatıp içeri girdi. Işığı rastgele gezdirmeye başlamıştı. Yerdeki battaniyeyi gördü. İleride köşedeki ot yığınının üzerinde küçücük bir çocuk çırpınarak ağlıyordu. Garip, hayretle çocuğa yaklaştı. Yüzü ağlamaktan morarmış, saçları, elleri, yüzü, toz toprak içinde kalmıştı. Garip onu bağrına bastı.

– Vay küçüğüm sen ne geziyorsun bu dağ başında, dedi şaşkınlıkla.

Ali, Garip'in kucağında bir çocukla geldiğini görünce şaşırdı kaldı.

– Heey! Gerçekten bir çocuk bu, dedi.

Garip, gururlanarak:

– Demedim mi ben sana usta, dedi. Çocuk sesi duydum diyorum inanmıyorsun. Oraya bırakmışlar.

– Ne vicdansız insanlar var şu dünyada, dedi Ali.

– Ne yapacağız şimdi usta?

– Burada bırakacak değiliz. Bindir arabaya. O da bizimle yola çıkacak.

Arabaya bindiler. Garip battaniyeyi açıp çocuğun ıslak elbiselerini çıkardı. Onu kendi gömleklerinden birine sarıp kucağına oturttu. Ona peynir ve reçel de yedirdi. Karnı doyan çocuk, güzel başını Garip'in bağrına dayayıp derin bir uykuya daldı.

Gecenin karanlığında hızla yol alan kamyonda Ali ile Garip uzun bir süre konuşmadılar. Garip, kendi gibi gariban olan bu yavruyu sevgi ile bağrına basmış, derin bir düşünceye dalmıştı. Her gece yolculuğunda Ali'yi uyutmamak için söylediği türküleri bugün, mışıl mışıl uyuyan çocuğu uyandırmamak için söylemiyordu.

Garip gülerek baktı ustasına:

– Bu da benim gibi garip, dedi.

– Kimi çocuğumuz olsun diye avuç dolusu para harcar, kimi yavrusunu başından atar.

Garip daha çocuktu. Depremde kaybettiği anasını babasını düşündü. Onlar sağ olsalardı, şimdi burada olmazdı. Kasabaları yıkılmasaydı, şimdi onlarla birlikte olacaktı. Anasının pişirdiği etli pilavı kaşıklayacak, koca tastan, tahta kaşıkla ayran içecekti.

Tek odalı evlerini, geniş avluyu çeviren yüksek duvarları, daracık sokaklarını hatırladı. Kasabanın merkezindeki sıra sıra dükkânları, büyük camiyi düşündü. Caminin karşısındaki küçük kahvede oturan iri yarı, siyaha yakın esmer, sakallı yüzüyle, heybetli babasını, devamlı iş gören, yemek pişiren, çamaşır yıkayan anasını hatırladı. Her şey bir anda yıkılıp kaybolmuştu.

Kamyonun durduğunu fark edip derin düşüncelerinden ayrıldı. Düzce'ye gelmişlerdi. Ali yavaş bir sesle:

– Hadi çocuğu koltuğun üzerine yatır da biz karnımızı doyuralım, dedi.

Garip tereddüt etti:

– Ya uyanıp düşerse?

– Merak etme uyanmaz, dedi Ali. Baksana nasıl dalmış.

Lokantaya girip acele yemek yediler. Garip koşarak kamyona geldi. Ali'nin tahmin ettiği gibi, çocuk hâlen uyuyordu. Onu bulduğu evde, ağlayıp çırpınmaktan çok yorulmuştu. Garip çocuğu sarsmadan yine kucağına aldı. Biraz sonra Ali elinde bir şişe sütle geldi.

– Uyanınca veririz yavruya, dedi.

Fazla oyalanmadan yola koyulular. Sabahın ilk ışıkları gelene kadar hiçbir yerde durmadılar. Yol boyunca Ali devamlı, bu çocuğu terk edenlere söylendi durdu. Garip de, ustasının öfkesine katılıyor, "çok yazık bebeğe" diyordu.

Buna benzer konuşmalarla sabahı etmişlerdi. Ankara'ya girip, kamyonu bir garaja park ettiler. Ali koltukların arkasındaki işe yaramaz eşyaları kaldırıp çocuk için rahat bir yer hazırladı. Çocuk, tam yatırılacağı sırada uyanıp ağlamaya başladı. Yolda aldıkları sütü içirdiler. Altını değiştirdiler.

Ağlaması durdu fakat uyumaya da yanaşmadı. Yatırdıkları zaman ıhlayarak doğrulup onlara seslice gülüyordu. Çocuğun bu sevimli hâli onları da güldürdü. Garip, onu kucağına alıp aşağı indirdi. Kamyon garajının tuvaletinde, elini yüzünü bir güzel yıkadı.

Altın sarısı saçlarını taradı. Güzelliği, şirinliği bir kat daha ortaya çıkan çocuğu, hayranlıkla seyretti. Sabaha kadar direksiyon kullanan Ali:

– Ben üç saat uyuyacağım siz ne yaparsanız yapın, dedi.

Garip, çocukla üç saat çimenlerin üzerinde oynadı. Bebek, Garip'i çok neşelendirdi. Garip ne yaparsa, o da aynını yapmaya çalışıyordu. Ellerini birbirine vuruyor, dudaklarını ısırıyor, kuş cıvıltısını andıran sesiyle gülüyor gülüyordu. Yoldan arabalar gürültüyle geçerken koşarak Garip'in boynuna sarılıyordu.

Üç saat dolunca şoförü uyandırdı Garip. Şoför Ali elini yüzünü yıkamaya gidince çocuğu kucağına alıp yerine oturdu. Bir süre sonra Ali; ekmek, peynir, domates, taze biber ve bir şişe sütle geldi. Üçü birlikte karınlarını doyurdular. Çocuğu yerine yatırıp yola çıktılar. Öğle vakti yaklaşmış, Ağustos güneşinin yakıcı sıcağı oturdukları yeri fırına çevirmişti. Garip'in uyumamak için gayret sarf ettiğini gören Ali:

– Sen uyu Garip, dedi. Bak arkadaşın da uyudu.

Garip, tatlı tatlı gülümseyerek uyuyan çocuğa sevgi ile baktı. Sonra arkasına yaslanıp, derin bir uykuya daldı.

Ali, yaklaşık altı saat süren Ankara-Kayseri arasındaki yolu, kâh türkü söyleyerek, kâh uyuyan iki garip çocuğu düşünerek bazen de söylenerek bitirdi.

Kayseri'ye yaklaştıkları zaman, çocuk uyanıp ağlamaya başlamıştı. Onun sesine Garip de uyandı. Kucağına alıp susturdu. Ali'nin evi önünde durdukları zaman saat dörde gelmişti. Ali onları karşılayan karısına:

– Al sana bir Garip daha, dedi.

Karısının şaşkın bakışlarına aldırmadan devam etti:

– Hemen su hazırla da şu çocuğu Allah rızası için yıkayıver.

– Bunu nerden buldun, dedi karısı.

– Ayaküstü anlatamam. Şimdi dediklerimi yap. Biz de açız. Ben, Garip'le şu yükü yerine teslim edeyim.

Tekrar kamyona binip ayrıldı.

Ali'nin karısı, kucağındaki çocuğu bir müddet şaşkın bakışlarla seyretti. Sonra onu bir güzel yıkadı, yedirdi. Ardından da bebek derin bir uykuya daldı.

Ali ve Garip akşam üzeri yorgun argın geldiler. Karısı sofrayı hazırlarken, Ali de çocuklarıyla hasret giderdi. Bir yandan da çocuğu nerede, nasıl bulduklarını anlattı.

Sofraya oturunca,

– Bugün Garip'le birlikte bebeği de çiftliğe, Şerife Hanıma götürmeyi düşünüyorum, dedi.

Ertesi gün Ali, Garip'i ve bebeği alarak çiftliğin yolunu tuttu.

Akşama doğru Kayseri'nin şirin bir köyüne vardılar. Ali, daha önce bu köyde yeni kurulan bir çiftliğe malzeme taşımış, çiftliğin sahibiyle tanışıp dost olmuştu. Çok iyi insanlardı. Ali ve karısı onları sık sık ziyarete gidiyorlardı. Bu ailenin çocuğu olmuyordu. Ali'nin çocukları için Şerife Hanım deli olur, onları memnun etmek için çırpınırdı. Kocası Bünyamin Ağa da çocuklarla saatlerce oynardı. Şerife Hanım bir ara evlatlık çocuk edinmeyi düşündüklerini söylemişti.

Çocuğu o viranede bulduklarında Ali'nin aklına bu aile geldi. Garip de ailesiz bir çocuktu ve onların yanında kalıyordu. Arada bir Ali'yle yola çıkıyor sonra yine onlara dönüyordu.

Köye yaklaşınca Garip'e:

– Bak Garip, dedi. Bebeği de bu ailenin yanına bırakacağım. Ne dersin?

Garip:

– Ben buna sevinirim, çok sevinirim, dedi heyecanla.

Ali, bebeğin burada sevgi göreceğine ve mutlu olacağına inanıyordu.

Çiftliğe vardıklarında, Bünyamin Bey ve karısı Şerife Hanım sevinçle karşıladı onları. Şerife hanım bebeği görünce gözleri parladı. Şaşırmıştı,

– Bu güzel yavru da neyin nesi, hayırdır?

– Size getirdim, dedi Ali. Sonra da olup biteni anlattı.

Çocuğu Ali'nin kucağından alıp hayranlıkla seyretti Şerife Hanım. Ne söyleyeceğini bilemedi. Bu bebek gerçekten onun olabilir miydi?

Bünyamin Ağa:

– Cennetten koparılmış bu güzel çiçeği incitmez, bağrımıza basarız. Arayanı soranı çıkana değin gözümüz gibi bakarız, dedi.

Karısı çok sevindi bu sözlere, sevincinden dili tutulmuş gibiydi. Gözlerini kucağındaki bebekten ayıramıyordu.

Yıllarca çocuk sahibi olmanın hasretini çeken bu aile, iki garip çocuğa birden kavuşmuştu. O gün bu sessiz çiftlik evine cıvıl cıvıl neşe dolmuştu.

Köşkte Neler Oldu?

Hani, çok sıcak günler vardır, insanı bunaltan. Serin bir gölge, ya da bir su kenarı aranır. Ekin solar, gül sararır, yer yer yarılır toprak. Bir rüzgâr eser sonra. Peşinden yağmur gelir. Tekrar canlanır yeşil. İnsan ruhu dinlenir.

Abdullah Bey'in köşkünde de sanki böyle bir mevsim geçmişti. Osmancık kaybolup gidince ne yapacaklarını şaşıran ailede aylarca hayat normale dönememişti. Başlarına gelen felaketin acısını hafifletmek için teselli arıyorlardı. Hiçbir iz bırakmadan, kayıplara karışan yavruları, bu talihsiz ailenin mutlu günlerini de alıp götürmüştü. Köşkte o günden sonra, ne tatlı bir gülüş, ne de sıcak bir sohbet olmuştu.

Felaketin üzerinden aylar, mevsimler geçmişti. Fatma Hanım, genç yaşında ihtiyar bir kadın hâlini almıştı. Saçları yer yer ağarmış, yüzü zayıflayıp, şakak kemikleri ortaya çıkmıştı. Garip gözleri, her an ağlayacakmış gibi duruyordu. Kocası hapse giren Ayşe Kadın yine köşkün işlerinde gece gündüz çalışıyordu. Ona köşkte bir oda vermişlerdi. Bahçedeki küçük eve de, bahçe işlerinden iyi anlayan, yaşlıca bir bahçıvan almışlardı.

Bu adam çok güzel gül yetiştirdiği için mi, yoksa devamlı gülümseyerek durduğu için mi bilinmez ona herkes Gül Dede diyordu. Köşkün etrafını, küçük mermer havuzun çevresini ve bahçe yolunun kenarlarını rengârenk, top top güllerle donatmıştı. Ayrıca, meyve ağaçlarının bakımından, sebze yetiştirmekten de çok iyi anlıyordu. Gül Dede bu köşke geleli bahçe, bahçe olmuş, civardaki köşk sahiplerini kıskandıracak kadar güzelleşmişti.

Abdullah Bey oldukça zayıflamıştı. Karısını üzmemek için, felaketin acısını hep içine akıtmıştı. Köşkte kaybolan yavrusundan hiç bahsetmez, konuyu açan olursa hemen değiştirirdi. Zaten sabahları erkenden kalkıp işinin başına gider, geç saatlere kadar çalışırdı. Oğlu aklına gelip, içini buruk bir acı kapladığı zaman; kalkar, abdest alır, iki rekât namaz kılardı. Yüreğinin sakinleştiğini ruhunun aydınlandığını hissederdi.

Fatma Hanım ise, Ayşe Kadın'ın oğlunu kaybettiği Osman'ın yerine koymuş, Kemal'i yanından ayırmaz olmuştu.

Abdullah Bey'in yeğeni Zarife, Edebiyat Fakültesini bitirmiş lise öğretmeni olmuştu. Fatma Hanım'ı sık sık ziyarete gelir, bu acılı kadını yalnız bırakmamaya gayret gösterirdi.

Kaybolan Osmancıktan bir yaş büyük olan Kemal ilkokula başladığı zaman olayın üzerinden tam dört yıl geçmişti. Bir sonbahar günü köşke, kimsenin tanımadığı yaşlı bir kadın geldi. Ayşe Kadın'la görüşmek istediğini söyledi. Fatma Hanım onu köşkün salonuna buyur edip Ayşe Kadın'ı da çağırdı. Yaşlı kadın açık sözlüydü:

– Bak kızım. Ben sizi tanımam. Eskiden burada çalışmış, her ne sebeple şimdi yanınıza gelemeyen kocanız beni gönderdi. Hapisten çıkalı bir hafta oldu. Benim de serseri bir oğlum var. Hapishanede arkadaş olmuşlar. Çıkınca da kocanı alıp bize getirdi. Şimdi seni ve oğlunu görmek istiyor. Sizlerle konuşacakları varmış.

Ayşe Kadın'ın cevap vermediğini görünce,

– Biz karışamayız, dedi Fatma Hanım. Siz adres bırakın, akşam Abdullah Bey'le meseleyi görüşürüz.

Kadın evinin adresini bırakıp gitti. Akşam olunca durumu Abdullah Bey'e açtılar. Abdullah Bey, olayın ilk günü gibi öfkeye kapıldı:

– O adamın buralarda ismini dahi duymak istemiyorum. Eğer Ayşe Kadın, kocasına dönmek isterse elbette karışmam, dedi.

– Ben de aynı şeyi söyledim, dedi Fatma Hanım, ne de olsa çocuğunun babası.

Ayşe Kadın tek kelime etmedi. Odasına çekilip saatlerce düşündü. Çok sevdiği Kemal'i burada rahattı. Ona öz çocukları gibi bakıyorlar, okutuyorlardı. Yalnız, kocasını merak ediyordu.

Sabah olunca, düşüncelerini Fatma Hanım'a açıkladı ve:

– Dediğiniz gibi; ne de olsa çocuğumun babası. Bir görüşsek iyi olur, dedi.

Abdullah Bey onu, verilen adrese arabasıyla bıraktı. Hain adamın yüzünü görmek istemediği için Ayşe Kadın'ı bırakıp hemen döndü.

Kapıyı, köşke gelen yaşlı kadın açtı. Ayşe Kadın çekinerek girdi. Dört yıldır görmediği kocasını, tam bir serseri kılığında, içki masasında, yarı sarhoş buldu. Onu gören bahçıvan:

– Oğlan nerde, dedi.

İlk sözü bu olmuştu kocasının. Ayağa kalkıp sendeleyerek Ayşe Kadın'a yaklaşmış, sorusunu öfkeyle tekrarlamıştı:

– Söylesene, oğlan nerde?

– Okula başladı Kemal, dedi yutkunarak.

Kocasının öfkeli yüzünde bir sevincin izleri belirdi:

– Kemal okula başladı ha, dedi. Söyle boyu ne kadar oldu? Bu kadar oldu mu?

Elini yere paralel tutup yaklaşık bir metrelik yükseklik gösteriyordu.

Ayşe Kadın cevap vermedi.

Adam:

– Dört yıl içerde yattım, bir gün ziyaretime gelmedin. Şimdi de sorularıma cevap vermiyorsun?

– Sırtını dayadığın kapıya ihanet ettin, dedi Ayşe Kadın.

– Oldu bir hata.

– Ama Abdullah Bey'le Fatma Hanım'ın ciğerini yaktın. Onlar senden intikam almadılar. Üstelik oğluna öz oğulları gibi bakıyorlar. Bana da çok iyi davranıyorlar. Bak dört yıl oldu Osman hâlâ kayıp.

Kocası bir müddet konuşmadı. Karısının haklılığına inanıyordu. Bulaştığı çirkefin kötülüğünü, daha ilk gün anlamıştı. Şimdi ise cezasını çekip çıkmıştı. Karısının kendine nefretle baktığını hissetti.

– Yoksa hiç gelmeyecek misin köşkten, dedi.

Ayşe Kadın boş sandalyelerden birine ilişti. Yavaş, sakin bir sesle:

– Sana bağlı, dedi.

– Şart mı koşuyorsun?

– Nasıl kabul edersen, dedi Ayşe Kadın. Çocuğumun geleceğini düşünmek zorundayım. Kemal'in böyle yetişmesine razı olamam.

Adam dişlerini sıktı. Bir zamanlar bu kadına ne dese yaptırırdı. Şimdi onu ikna etmek zorundaydı. Öfkesini gizleyerek;

– Haklısın Ayşe, dedi. Ben de istemem oğlumu böyle yetiştirmeyi. Düzenimi kurunca hepsine paydos çekeceğim. Bana inan.

– Evini tut, namuslu bir hayata başla, o zaman geliriz, dedi Ayşe Kadın.

Allah'ım Bizi Bırakma...

Şoför Ali'nin kucağında çiftliğe gelen Osman, Bünyamin Ağa'nın ve Şerife Hanım'ın biricik neşesiydi. Akşam olunca karı koca evin büyük sofasında saatlerce bu sevimli çocuğun oyunlarını seyreder, keyiflenirlerdi.

İsmini bilmedikleri için ona Hüseyin adını vermişlerdi. Garip, aşırı bir sevgi ile bağlandığı Hüseyin'i gezdirmeye bayılırdı. Çünkü Hüseyin'i ıssız yerde ilk bulan Garip'ti.

Bol güneş, temiz hava, doğal beslenme bu iki yavrunun gelişip serpilmelerine iyi geliyordu.

Aradan dört yıl geçmişti. Garip 16 yaşında dal gibi delikanlı olmuştu. Hüseyin altı yaşlarındaydı. Sarı saçları, yeşil gözleri, güneşten esmerleşen yüzüyle sevimli, tombul bir çocuk olmuştu. Nereden geldiğini, ne olduğunu hiç bilmiyordu. Bünyamin Ağa'ya baba, Şerife Hanım'a anne, Garip'e de abi diyordu.

Bünyamin Ağa bu iki çocuğun nüfusunu üzerine kaydettirmişti. Garip'i bir gün yanına çağırıp:

– Bak oğlum. Sizi üzerimize kaydettirdim. Senin aklın yeter, bilirsin. Ama Hüseyin, bizi ana baba, seni de abi biliyor. Sakın ona gerçeği söyleme. Çünkü hayatı zehir olur, dedi.

Garip;

– Hiç söyler miyim baba, diye cevap verdi.

* * *

Altı yaşında ilkokula başlayan Hüseyin'i her sabah köye traktörle götürüp getiren Garip; bir gün onu köyden almaya gelmemişti. Çiftlikte çalışan işçilerden biri o gün atla gelip Hüseyin'i terkisine alarak çiftliğe götürdü. Hüseyin, Garip'in niçin gelmediğini bu işçiye tekrar tekrar sorduysa da bir cevap alamadı.

Çiftliğe gelince Şerife Hanım'ı gözü yaşlı buldu.

– Anne niçin ağlıyorsun? Babam nerede? Abim niçin okula gelmedi, dedi.

Şerife Hanım, Hüseyin'i bağrına bastı.

– Baban hastalandı. Abin onu traktörle şehre götürdü.

– Babam niçin hastalandı? Yine karnı mı ağrıdı? dedi, Hüseyin.

– Evet yavrum, dedi Şerife Hanım.

Kocasının, şehre gitmeden önce kıvranışını, yerden yere atılışını hatırladı. Gözleri doldu. Hüseyin'e daha sıkı sarılıp kesik kesik hıçkırıklarla ağlamaya başladı.

Garip, o gece şehirden dönmemişti. Gittikçe koyulaşan karanlık Şerife Hanım'ın yüreğine bir ağırlık gibi çöküyordu. Yatağına yatmamış, sofanın küçük penceresinden yolu gözlüyordu. Hüseyin gece yarısına kadar uyumamış her zaman yaptığı oyunları da bu akşam yapmamıştı. Küçücük yüreği, evdeki matem havasını sezmiş, bu havaya uyarak sessiz ve durgun Şerife Hanım'la oturmuştu. Gece yarısına doğru gözleri ağırlaşmış ve Şerife Hanım'ın dizinde uyuya kalmıştı.

Şerife Hanım dizlerinde uyuyan Hüseyin'in saçlarını şefkatle okşayıp, onu kucağına alarak yatağına yatırdı. Tekrar pencerenin önüne gelip yaşlı gözlerini yola dikti. Bir yandan da dua ediyordu:

– Allah'ım! Bizi sahipsiz koyma.

Sabahın ilk ışıklarıyla Garip'in kullandığı traktör çiftliğe girdi. Şerife Hanım onu yarı yolda karşıladı.

– İnşallah hayırlı haberle geldin Garip, dedi.

Garip traktörün motorunu susturmadan cevap vermedi. Aşağı inince;

– Merak etme anne, dedi. Yanından ayrıldığımda mışıl mışıl uyuyordu. Rengi de düzeldi.

– Beni teselli için böyle konuşmuyorsun, değil mi? Doğru söyle.

Şerife Hanım ağlar gibi sormuştu. Sesinde bir acılık vardı.

– Kaygılanma anne, babam iyi, dedi Garip.

– Doktor ne dedi?

– En az bir hafta kalması lazımmış.

– Ali abine bildirdin mi?

– Bildirdim. Öğleden sonra gelip sizi götürecek.

Şerife Hanım merakından, Garip'e art arda sorular sormuş, Garip uykusuz gözlerle bu sualleri tek tek cevaplamıştı. Konuşmaya uyanan Hüseyin de Garip'i soru yağmuruna tuttu.

– Babam nerede?

– Hastanede.

– Hastanede ne yapıyor?

– Yatıyor.

– Niçin burada yatmıyor?

– Hastalar hastanede yatar.

– Ne zaman evimize gelecek?

– Bir hafta sonra...

– Yatınca kalkınca mı?

– Yedi defa yatınca kalkınca.

Garip, Hüseyin'i okula götürüp döndü. Şerife Hanım'ın ısrarı üzerine de odasına çekilip derin bir uykuya daldı.

İkindi vakti yaklaşınca Ali kamyonuyla gelip, Şerife Hanım'ı şehre götüreceğini, hemen hazırlanmasını söyledi. Şerife Hanım Garip'i uyandırdı.

– Garip, ben hastaneye gidiyorum, dedi. Hüseyin ve çiftlik sana emanet.

Şerife Hanım, Garip'i tembihledikten sonra kamyona bindi. Çiftliğin toprak yolunda bir toz bulutu bırakıp anayola doğru gözden kayboldular. Garip, yıkanıp karnını doyurdu. Traktöre binip köyün yolunu tuttu. Köy aslında çok yakındı. İnsan yürüyerek yarım saatte varabilirdi. Ama Hüseyin'i çok seven yeni ailesi yürümesine razı olmuyordu. Garip, okulun önünde Hüseyin'i bekler buldu. Hiç konuşmadan eve döndüler.

Çiftliğe garip bir sessizlik çökmüştü. Bünyamin Ağa'nın ve Şerife Hanım'ın yokluğu çocukları çok etkilemişti. Garip her zaman olduğu gibi Hüseyin'i okula götürüp getiriyor, yemek hazırlıyor, bulaşıkları yıkıyordu. Ahıra bakan işçinin karısı gelip bulaşıkları yıkamış, onlara yemek pişirmiş, evi temizlemişti.

Şerife Hanım'ın şehre gidişinden tam beş gün sonra, yine bir ikindi vakti Ali'nin kamyonu çiftliğe geldi. Kamyondan inen Şerife Hanım'ın ağlamaktan gözleri kan çanağına dönmüştü. Dizlerine vura vura Garip'in boynuna sarıldı.

– Gitti babanız... Babanız gitti. Evimizin direği yıkıldı, dedi.

Garip, Bünyamin Ağa'nın öldüğünü anladı. Yüreği büyük bir acıyla ezildi. Kamyonun arkasındaki tabutun üzerine kapanıp hıçkıra hıçkıra ağladı.

Davetsiz Misafir...

Köşkte hayat normale dönmüştü. Osmancığın kaybolduğu günün üzerinden yedi yıl geçmişti. Abdullah Bey ve Fatma Hanım yedi yıl sonra küçük bir çocuğa kavuşmuşlar, adını Şükran koymuşlardı. Bu çocuk doğmasa köşkte hayat normale dönmezdi. Çünkü Ayşe Kadın, oğlu Kemal'i alıp kocasının yanına dönmüştü. Kocası, onlara kavuşabilmek için serseriliği bırakmış, bir fabrikada çalışmaya başlamıştı.

Abdullah Bey ve Fatma Hanım, minik kızlarıyla mutlu günler geçiriyorlar fakat Osmancıklarını da bir türlü unutamıyorlardı. Fabrikayı, köşkün yakınında daha önceden satın aldığı binaya taşıtan Abdullah Bey, öğle yemeklerini evinde yiyordu. Hem de küçük kızını sevme fırsatını buluyordu.

Yine bir öğle vakti Abdullah Bey ve Fatma Hanım, küçük Şükran'la oynarken kapının zili çaldı.

Fatma Hanım koridorun penceresinden kapının önüne bakınca şaşırdı. Çünkü yedi yıldır görmediği bahçıvan, elleri cebinde kapının açılmasını bekliyordu. Durumu anlatırken zil tekrar çaldı. Abdullah Bey kapıyı açmadan konuştu:

– Ne istiyorsun?

Dışardan bahçıvanın telaşlı sesi duyuldu:

– Kemal trafik kazası geçirdi. Hastanede yatıyor. Ayşe de yanında paraya ihtiyacım var.

– Hangi hastanede, dedi Abdullah Bey.

Dışardaki bir süre cevap vermedi. Sonra çabuk bir sesle:

– Haydarpaşa'da dedi.

Abdullah Bey'in eli, kapının koluna gitti. Sonra vazgeçti açmaktan.

– Ben çaresine bakarım, dedi Abdullah Bey, git. Bir daha da bu kapıya gelme.

Ayak seslerinin uzaklaştığını duyunca kapıyı açtı. Bahçıvanın elleri cebinde, başı yere eğik hızlı adımlarla gittiğini gördü.

– Acaba doğru mu söylüyor, dedi Fatma Hanım.

– Anlarız dedi Abdullah Bey.

Arabasına binip hiç vakit kaybetmeden Haydarpaşa Numune Hastanesi'ne gitti. Önce müracaat memuruna sordu. Memur, bugün trafik kazasından kimsenin gelmediğini söyleyince öfkeden kızardı. Belki yanlışlık var deyip, başhekime çıktı. Ondan da aynı cevabı aldı. Başhekim acil servis müdürünü çağırıp,

– Bu beye hastaneyi gezdir. On yaşlarında Kemal isimli bir çocuk trafik kazasından hastanemize gelmiş, dedi.

Müdürle beraber çocuk bölümünü gezdiler. Kâğıtlara tekrar tekrar baktılar. Anlaşılan bahçıvan yalan söylemişti. Ama niçin?

Bu sualin cevabı Abdullah Bey'i endişelendirdi. Hemen köşke döndü. Karısı, Şükran'ı uyutmuş bulaşıkları yıkıyordu.

– Çok korktum, dedi Abdullah Bey.

Fatma Hanım endişeyle sordu:

– Durumu ağır mı Kemal'in?

– Kemal hastanede yok. Ben sizden korktum. Bu adam niçin yalan söyledi?

– Nasıl? Kemal hastaneye yatmamış mı?

– Yatmamış. Buna hem sevindim, hem de kızdım.

– Aklıma gelmişti yalan olabileceği...

– Benim de...

– Acaba niçin yalan söyledi?

Abdullah Bey bir müddet düşündü. Olaya cevap bulamadı. Abdest alıp öğle namazını kıldı. Fabrikaya telefon açıp bugün gelemeyeceğini bildirdi. Sinirleri çok bozulmuştu. Gidip bahçıvanı evinde tokatlamak geldi içinden. Ama, adamın yüzünü görmek istemiyordu. Kahvesini yudumlarken birden aklına geldi:

– Sakın bu adam, sırf para koparmak için gelmesin!

– Öyle olsa karısını gönderirdi. Ayşe Kadın kaç defa geldiyse eli boş çevirmedik.

– Öyleyse niçin, dedi Abdullah Bey.

– Bilmem ki...

Olay üzerine bir saat yorum yaptılar. Çeşitli tahminlerde bulundular. İkisinin de sinirleri gerilmişti. Küçük Şükran uyanıp ağlamaya başlayınca bahçıvanı unuttular...

Sarı saçlı, yeşil gözlü, minicik burunlu, Osmancık gibi gülen, onun gibi ağlayan Şükran, bu ağıtla annesine karnının acıktığını haber veriyordu. Annesi onu emzirirken, Abdullah Bey bahçeye çıkıp Gül Dede ile konuşmaya başladı. Gül Dede tatlı bir tebessümle ona,

– Ara sıra çıkıp bahçeyi gez, dedi. Güller insanın sıkıntısını alır. Gül kokusu derdini unutturur. Bahçeye çok seyrek çıkıyorsun.

Abdullah Bey¸Gül Dede'ye hak verdi.

– Haklısın ama elimde değil. Şu çocuk doğmasa sıkıntıdan ölecektik. Yedi yıl önce başımıza gelen felaketin acısını, şu masum birazcık dindirdi.

Gül Dede bu efsaneye benzer felaket hikâyesini defalarca dinlemişti. Gün görmüş ihtiyar, Abdullah Bey'e teselli verdi:

– Hayır ve şer Allah'tandır. Gülü de hoş, dikeni de... Allah'a inanan kaderine isyan etmez.

– İsyanım olduysa Allah affetsin, dedi Abdullah Bey. Ama insan zayıf bir varlıktır. Üzülmekten alıkoyamıyor kendini.

Gül Dede, gülümseyerek başını salladı. Beraberce bahçeyi dolaştılar. Top top, renk renk gülleri seyredip kokladılar. Abdullah Bey hayli ferahlamıştı. Fatma Hanım'ı da çağırıp bu saadete ortak ettiler.

– Sık sık bahçeye çıkıp dolaş, dedi Abdullah Bey. Gül Dede, bana söyledi, ben de sana söylüyorum. Gerçekten insan ferahlıyor.

O günden sonra gerek Fatma Hanım, gerekse Abdullah Bey, bahçede gezinmeyi adet hâline getirdiler. Fatma Hanım bazen Küçük Şükran'ı da alıp bahçede gezinti yapmaya başladı.

Aradan bir ay geçti. İşlerini bitirip, kitap okumaya çalıştığı bir gün Fatma Hanım, zil sesiyle kapıya koştu. Gelen Ayşe Kadın'dı. Yanında Kemal de vardı. Ayşe Kadın'ın yüzünde yer yer çürükler vardı. Sebebini sordu:

– Beni dövdü, dedi Ayşe Kadın.

– Niçin?

– İki aydır böyle. Dayak yemediğim gün yok.

– Ama niçin, dedi Fatma Hanım.

Ayşe Kadın cevap veremedi. Kemal, çın çın öten sesiyle bildiği kadar olayı anlatmaya başladı:

– Babam, para getir dedi. Annem; ben getirmem, utanıyorum dedi. Babam da anneme vurdu...

Fatma Hanım öfkeyle başını salladı. Ayşe Kadın'a döndü:

– Sen nerden para getirecekmişsin, dedi.

– Buradan, sizden, dedi Ayşe Kadın.

– Çalışmıyor mu?

– Üç ay oldu işten çıkalı. Elinden gelse iki günde bir beni buraya gönderecek. Bir ay kadar oldu. Size gelip yalan söylemiş. Kemal trafik kazası geçirdi demiş. Abdullah Bey savmış onu.

– Hastaneye gidip Kemal'i aradı. Bulamayınca hem sevindik, hem de kocana kızdık, dedi Fatma Hanım. Sen niçin gelip istemedin?

– Beni çok zorladı. Utandığımı, çok olduğunu söyledim.

– İçki içiyor mu yine?

– İçiyor bulduğu zaman.

– Siz ne yiyorsunuz? Nasıl geçiniyorsunuz.

Ana oğul birbirinin gözüne baktı. Ayşe Kadın acı dolu bir sesle:

– Kemal çalışıyor, dedi.

Fatma Hanım bağırarak ayağa kalktı.

– Kocaman adam çalışmasın, bulduğunu içkiye versin, parmak kadar çocuk çalışsın... Olmaz böyle şey, dedi.

Ayşe Kadın suçlu gibi büzülmüştü. Kemal söze karıştı.

– Ama yorulmuyorum ki, dedi.

– Nerde çalışıyorsun, dedi Fatma Hanım.

– Gazete satıyorum.

– Okul açılınca ne yapacaksın?

Çocuk cevap vermedi. Başı yerde ağlamaklı annesine çevirdi gözlerini. Ayşe Kadın, ağlamamak için dudaklarını ısırıyordu.

– Bizi babam evden kovdu, dedi Kemal.

– Öyle mi?

Ayşe Kadın daha fazla tutamadı kendini. Gözlerinden art arda yaşlar süzülüyordu. Fatma Hanım elini onun omzuna koyup:

– Bırak ağlamayı, dedi. Hiç gitmeyecektin o adamın yanına.

– İçmiyordu. Ne güzel çalışıyordu. Ne bilirim böyle olacağını.

Fatma Hanım kadının hâline üzüldü.

– Burası senin evin, Abdullah Bey'le ben görüşürüm. Zaten bir yardımcıya ihtiyacım var, dedi.

– Allah ikinizden de razı olsun.

Fatma Hanım'ın birden aklına Şükran geldi.

– Haberiniz yok. Bir kızımız oldu.

– Haberimiz oldu ama gelemedik, kusurumuzu bağışla.

– Mühim değil, dedi Fatma Hanım.

Birlikte Şükran'ın yanına gidip, uyuyan melek yüzlü bu yavruyu seyrettiler.

Akşam olup, Abdullah Bey gelince işin rengi değişti. Abdullah Bey, gelenlere hoş geldiniz demiş, olayı en ince ayrıntılarına kadar dinlemişti. Zaten hiç sevmediği bahçıvanın bu kötü hareketine çok sinirlenmişti. Fatma Hanım'a;

– Sen ne diyorsun bu işe, diye sordu.

– Benim zaten bir yardımcıya ihtiyacım var, dedi. Eğer müsaade edersen, Ayşe Kadın, eskiden olduğu gibi burada çalışsın.

– Sen nasıl istersen...

Osmancığın Acısı da Tesellisi de Bitti...

Ertesi günü Ayşe Kadın'ı tanıdığı bir avukata götürdü. Avukat vekaletnameyi hazırlayıp Ayşe Kadın'a imzalattı. Mahkemeye resmen müracaat yapılmış, boşanma davası açılmıştı.

Mahkeme günü bahçıvan da gelmişti. Hakim her iki tarafı dinledi. Şahitlerin dinlenmesi için, mahkeme başka bir güne ertelendi.

Aradan aylar, yıllar geçti. Bahçıvan boşanmak istemediği için hakim karar veremiyordu.

Kemal ilkokulu bitirip diplomasını almıştı. Herkes onu tebrik etti, hediyelerle sevindirdi.

Abdullah Bey, Fatma Hanım'la yalnız kalınca, üzgün olduğunu fark etti.

– Bir şeye mi canın sıkıldı, diye sordu. Fatma Hanım cevap vermedi.

– Niçin üzgünsün, dedi Abdullah Bey.

– Osman'ı düşünüyorum.

Abdullah Bey'in gözleri doldu. Hiçbir şey söyleyemedi.

– Her şey onu hatırlatıyor. Şükran bile. Bak uykuda gülümsüyor. Tıpkı onun gibi.

– Evet...

– Osmancık olsaydı, belki onun diploma törenine gidecektik.

– Kemal'den bir yaş mı küçüktü?

– Hııı!

Böyle konuşmalar saatlerce sürdü.

Gece yarısı ancak uyuyabildiler. Sabahleyin Abdullah Bey fabrikaya gidip işleri müdürüne havale etti. Kendisinin ailece tatile çıkacağını söyleyip ayrıldı. Bu fikir aklına sabah gelmiş, fakat sürpriz yapmak için hemen söylememişti. Fabrikadan ayrılınca çarşıya gidip tatilde lazım olacak şeyler aldı. İkindi vakti eve geldiğinde herkesi hazırlık yaparken buldu. Şaşırmıştı. Fatma Hanım'a:

– Niçin bu hazırlık, dedi.

– Haberin yok mu? Tatile çıkıyoruz, dedi Fatma Hanım.

– Şaşkınlığı bir kat daha artmıştı.

– Kendi kendinize mi karar verdiniz, diye sordu.

– Sen karar verdin, biz hazırlanıyoruz, dedi Fatma Hanım.

– Ben size böyle bir karar verdiğimi söylemedim.

– Bize söylemedin ama Fabrika Müdürüne söyledin.

Abdullah Bey durumu anladı. Sürprizi bildirmek müdüre nasib olmuştu. Fatma Hanım, Abdullah Bey'i meraktan iyice kurtarmak için:

– Öğleyin gelmeyince telefon ettim, Müdür Bey, bizimle tatile çıkacağını söyleyince çok sevindim, dedi.

Abdullah Bey bu kararı, zaten onu sevindirmek için almıştı. Hazırlıklarını tamamlayıp yola çıktılar.

Köşkün emanetini Gül Dede'ye bırakmışlardı. Zaten kapıları kilitleyip, pencere demirlerini dışardan kapatmışlardı. Ayşe Kadın, yük olurum düşüncesiyle, gitmek istememiş, fakat bırakmamışlardı. Hatta Gül Dede'ye de gelmesini teklif etmişler, Gül Dede yolculuğa dayanamayacağını söyleyip kalmıştı. Onların peşinden bir kova su serpmiş, sonra da dua etmişti.

* * *

Bünyamin Ağa vefat edeli tam dört yıl olmuştu. Garip askere gittiği için Hüseyin, Şerife Hanım'la koca çiftlikte yalnız yaşıyorlardı.

Zaman zaman Garip'in gönderdiği asker mektuplarını Hüseyin okur, Şerife Hanım ağlaya ağlaya dinlerdi. Garip'in odasında şimdi Hüseyin yatıyordu, okula yürüyerek gidiyordu. Şerife Hanım tek başına çiftliği idare edemiyordu. Garip askere gitmeden önce Bünyamin Ağa'yı aratmayacak derecede çiftliği idare ediyordu. Hüseyin daha çocuktu. İşçi çalıştırmak, hasatı şehre götürüp satmak, alınacakları alıp getirmek onun işi değildi. Gerçi tek başına şehre gidip alışveriş yapabiliyordu, ama büyük işleri yapamazdı. Şoför Ali bazen gelip yardımcı oluyordu. Bu yardım her zaman mümkün değildi. Bu işler Şerife Hanım'ı çok üzüyor; hem ev işi hem çiftlik onu çok yoruyordu.

Hüseyin, okulu bitirip diplomasını aldı. Altı yaşında okula başladığı için on bir yaşında bitirmişti. Köyde ortaokulun olmaması da Şerife Hanım'ı üzüyor, Hüseyin'i nasıl okutacağını düşünüyordu.

Hem artık köyde yaşamak onu endişelendiriyordu. Çünkü bir gün, birinin çıkıp Hüseyin'e gerçek annesinin o olmadığını söylemesinden korkuyordu. Hüseyin'in huzurunun kaçmasını, mutsuz olmasını istemiyordu. Son zamanlarda bu kaygı iyice güçlenmişti içinde. Buralardan gitsek mi, diye düşünüyordu. Zaten tek başına çiftliği idare edemiyordu.

Sonunda çiftliği satmaya, çocuklarının geleceği için İstanbul'a göç etmeye karar verdi. Muhtara haber yollayıp, çiftliğe çağırdı ve ondan yardım istedi.

– Kaça vereceksin, dedi muhtar.

– Rahmetlinin İstanbul'daki abisi, 4 yıl önce, başsağlığına gelmişlerdi. Üç yüz bin eder dediydi.

Muhtar güldü:

– Kimde var şimdi üç yüz bin?

– Şehre ilan ederim, dedi Şerife Hanım.

– Hayırlısı olsun, dedi muhtar.

Şerife Hanım ertesi günü şehre gidip Ali'yi buldu.

Çiftliği satmak istediğini söyledi. Sebeplerini anlattı. Ali, ona hak verdi. Tanıdıklara duyuracağını, gazeteye ilan vereceğini söyledi.

Şerife Hanım çiftliğe dönüp, Bünyamin Ağa'nın İstanbul'daki abisine mektup yazdırdı. Mektubu yazan Hüseyin, İstanbul'u duyunca çok sevinmişti. Çiftliği seviyordu. Fakat herkes, İstanbul'un çok güzel bir şehir olduğunu söylüyordu. Oraya göçmek ne güzeldi... Hüseyin mektubu sevinçle bitirdi.

Şerife Hanım'ın beklediği mektup on beş gün sonra geldi. Hemen hazırlık yapmalarını, İstanbul'da ev satın almanın çok kolay olduğunu, hatta yakınlarında istedikleri gibi bir evin satılık olduğunu yazıyorlardı. Fiyatı da çok uygunmuş...

Şerife Hanım telaşlandı. İstanbul'a gidip alacağı evi bizzat görmeye karar verdi. Hem Hüseyin'i oraya bırakır, dedikoduların onun kulağına gitmesini engellemiş olurdu. Mektup geldiğinin ertesi günü İstanbul'a gitmek için hazırlık yapıp şehre indi. Hüseyin'i de yanına aldı.

Bütün acelesi, bunca telaşı Hüseyin içindi. Bir gün birilerinin çıkıp onu sahipleneceğinden korkuyordu. İstanbul'a göçtüğünü kimseye duyurmayacaktı. Canı gibi sevdiği Hüseyin'den ayrılmamak için çiftlikten ve her şeyden vazgeçebilirdi. Sarı saçlı, yeşil gözlü, fidan boylu bu sevimli çocuktan ayrılmayı düşünmek ölümden daha zordu Şerife Hanım için.

Hüseyin, Şerife Hanım'la birlikte İstanbul'a giderken çok sevinçliydi. Öğretmeninin ve şoför Ali'nin sık sık anlattığı bu efsane şehri, bir an önce görmek için sabırsızlanıyordu. Gece yolculuk yaptıkları için etrafı seyredemiyordu. Şerife Hanım onun uyumasını, sabahleyin İstanbul'da olacaklarını söylüyordu.

Hüseyin başka çaresi olmadığı için uyudu. Şerife Hanım da o gece yarısı yarım bir uykuya daldı. Otobüs, gecenin sessizliğinde çok hızlı gidiyordu. Yaz mevsimi olduğu için yollar, yolculuk için oldukça elverişliydi.

Otobüs birkaç defa yemek ve çay molası için durmuştu. Her defasında Hüseyin uyanıp "Geldik mi?" diye soruyordu. Şerife Hanım: "Hayır." deyince tekrar uykuya dalıyordu.

Sabahın ilk ışıkları ile uyanan Şerife Hanım bindikleri otobüsün gitmediğini görünce pencereden dışarı baktı. Etrafta bir sürü otobüs bekliyordu. Uykulu gözlerle koltukların arasında gidip gelen muavine sordu:

– Oğlum İstanbul'a geldik mi?

– Geldik hanım teyze.

– Niçin inmiyor millet?

İstanbul'a ilk gelenlerin garip sorularına alışmış olan muavin gülümseyerek:

– Vapurla karşıya geçeceğiz, dedi.

Şerife Hanım'ın şaşkın bakışlarına tekrar güldü.

– Siz hangi semte gideceksiniz, dedi.

– Hüseyin, adres cebinde mi, diye sarstı Hüseyin'i Şerife Hanım.

Hüseyin uyandı. Kendisini gülerek seyreden muavine ve Şerife Hanım'a dalgın ve şaşkın bakarak:

– İstanbul'a geldik mi, dedi.

Şerife Hanım sorusunu tekrarladı:

– Gideceğin adres cebinde mi? Selahattin Ağa'nın adresi...

– Cebimde, dedi Hüseyin.

Cebinden not defterini çıkarıp arasından Selahattin Ağa'nın kartını buldu. Şerife Hanım kartı alıp, muavine uzatarak:

– İşte gideceğimiz adres, dedi.

Muavin kartı okuyarak:

– Selahattin İçli, İnşaat Müteahhidi, Fatih Mh. Çamlıca Sk. No: 22 Bakırköy. Tamam. Siz Topkapı'da ineceksiniz. Yani son durakta.

Araba hareket edip vapura girdi. Araba vapuru denize açılınca, Şerife Hanım korkudan bildiği duaları okumaya başlamıştı. Çünkü pencereden deniz görünüyor, otobüs denizde gidiyor hissini veriyordu insana. Hüseyin yolcularla beraber aşağıya inmiş yine onları takib ederek güverteye çıkmıştı. Etrafına bakınca hayretini zor saklayabilmişti. Sislerle örtülü masmavi denizin üzerinde giden bu koca vapur çiftlikteki evlerinden, hatta okulundan daha büyüktü. Denizin üzerinde bindikleri vapur gibisi daha küçüğü, daha büyüğü de vardı. Hele bir motorun, denizin karnını deşerek bir bıçak gibi gidişini hayretle seyretti.

Vapur Sirkeci'ye yaklaştıkça koca koca binalar, uzun uzun minareler daha net görünmeye başladı.

Herkesin güverteden inip arabalara bindiğini görmese, Hüseyin bu manzarayı saatlerce seyredecekti. Otobüse binip Şerife Hanım'ın yanına oturduğunda gözleri mutlulukla parlıyordu.

– Kocaman şehir, dedi.

Şerife Hanım gülümsedi. Onu böyle mutlu görmek Şerife Hanım'ı daha da mutlu ediyordu.

Topkapı'ya geldiklerinde güneş iyice yükselmişti. Otobüsten eşyalarını alıp bir taksinin bagajına koydular. Taksi şoförü verilen karta bir göz atıp gaza bastı. Onbeş dakika sonra sahilde güzel bir evin önündeydiler.

Selahattin Ağa, karısı, Nesrin Hanım ve kızları Şebnem onları çok iyi karşıladılar. Çok yorgun oldukları için o gün hiç dışarı çıkmadılar. Akşama kadar sohbet ettiler.

Şerife Hanım Hüseyin'in öz oğlu olduğunu sezdirecek şekilde davranıyordu. Onun oğlu olmadığının bilinmesini istemiyordu. Zaten çocukları nüfuslarına geçirmişlerdi. Selahattin Ağa da köye çok gitmediği için bunun aksini bilemezdi. Daha önce yazılan mektuplarda çocuklardan pek bahsetmemişti. Şerife Hanım köyden, çiftliğinden niçin ayrılıp bu yaban ellere gelmeye razı olmuştu? Asıl sebep Hüseyin değil miydi? Köyde birinin söylemesinden korkmuştu. Diğer sebepler bahaneydi. Bu melek kadar saf, güzelliğini seyre doyum olmayan, dokuz yıldır beraber olduğu yavrudan ayrılmak istemediği için yurdunu yuvasını terk etmeğe razı olmuştu.

İstanbul'a geldiklerinin ikinci günü Selahattin Ağa, mektupta bahsettiği evi onlara gösterdi. Ev 500 metre ilerde, yine yol kenarında, bahçe içinde ve iki katlıydı. Şerife Hanım çiftliğe alıştığı için evin bahçesinin, çok küçük olduğunu söyledi.

Hüseyin bu bahçeyi ve evi çok sevmişti. İki senedir oturulmadığı için hayli bakımsızdı. Selahattin Ağa:

– Beni dinlersen, bu evi hiç düşünmeden al. Bir ay sürmez bizim evden daha güzel duruma getiririm. Bahçeyi de siz yoluna koyarsınız, dedi.

Şerife Hanım bu sözlere ikna oldu. Üç bin lirayı Selahattin Ağa'ya peşinat olarak teslim etti. İki gün sonra da Hüseyin'i onlara teslim edip Kayseri'nin yolunu tuttu.

* * *

Ayşe Kadın, son mahkemede boşanma kararı verilince çok sevindi. Kendini, ağır bir yükten kurtulmuş gibi hissetti. Mahkeme koridorunda bahçıvanın öfkeden kızarmış yüzüyle küfredip gitmesine aldırış etmemiş, yalnızca yavaş bir sesle:

– İnşaallah senin yüzünü bir daha görmem, demişti.

Hep beraber köşke geldiler. Bundan sonra yapacaklarını konuştular.

Ayşe Kadın ve Kemal'in devamlı köşkte kalmasına, Kemal'in ortaokula yazılmasına karar verdiler. Kemal ve annesi bu habere çok sevindi. Küçük Şükran bile kollarını sallayarak ve tatlı sesler çıkararak bu sevince iştirak etti. Fatma Hanım onunla söyleşmeye, elini küçücük burnuna bastırarak güldürmeye başladı.

Kemal birkaç gün sonra okula yazıldı. Ona yeni elbise, çanta ve bir sürü kırtasiye alındı. Sevincine diyecek yoktu Kemal'in. Yeni eşyalarını okşuyor, onları kullanabilmek için okulun açılmasını sabırsızlıkla bekliyordu.

İSTANBUL'A GÖÇ

Şerife Hanım Kayseri'deki çiftliği satıp, eşyalarını Ali'nin kamyonu ile İstanbul'a satın aldığı eve taşımıştı. Ev iyice tamir edilmiş, hayli gösterişli olmuştu. Bu sırada Hüseyin de ortaokula yazılmıştı. Selahattin Ağa'nın kızı Şebnem'le aynı sınıfa gidiyordu.

Yeni evlerine taşınınca Hüseyin çok sevinmişti. Çünkü bir aydır Selahattin Ağa'nın evinde kalmış, oldukça sıkılmıştı. Üstelik Ali'yi de görmüştü.

Ali, İstanbul'a geldiğinde sevinen Hüseyin'e bakıp, derin bir düşünceye daldı. Zavallı çocuk, bu şehirde doğduğunu, onu İstanbul'dan kendisinin götürdüğünü bilmiyordu. Doğduğu bu şehirde bir yabancı gibi büyüyecek, belki gerçeği hiç bilmeyecekti. Ona İstanbul'u gezdirdi. İki gün evlerinde misafir kalıp Kayseri'ye döndü.

Şerife Hanım, İstanbul'a kolay alışamayacağını düşünmüştü.

Selahattin Ağa'nın karısı Nesrin Hanım çok iyi bir kadındı. Yardımsever, hoşsohbet ve çalışkandı. Yalnız, hep çok meşguldü. Ona pek vakit ayıramayacağı belliydi.

Hüseyin ise, hayatından çok memnundu. Okula istekle gidiyor, derslerine çok iyi çalışıyordu. Köy ilkokulun bitirmesine rağmen parlak zekâsı ve çalışkanlığıyla arkadaşlarını geride bırakmıştı.

Şebnem ise oyunu çok sevdiği için derslerinde başarısızdı.

Ertesi günü Şerife Hanımlara ziyarete geldiler. Sohbet sırasında Selahattin bey, Hüseyin'e karnesini sordu. Şebnem'in durumunu bildiği için Hüseyin bu soruyu duymazdan geldi. Ama Şerife Hanım iftiharla oğlunun karnesini Selahattin Ağa'ya gösterdi. Hüseyin'in bütün dersleri 5'ti. Karneye gıpta ile bakan Selahattin Ağa kızına dönerek:

– Gördün mü öğrenciyi, dedi.

Sonra da Hüseyin'e koca bir "Aferin" çekti. Hüseyin utancından yerin dibine geçecekti neredeyse.

Okulun ikinci devresi başlayınca Hüseyin okula yalnız gidip gelmeye başlamıştı, çünkü Şebnem onunla konuşmuyordu.

Babası her akşam Şebnem'i sıkıştırıyor, "Onun gibi çalışacaksın." diyordu. Evlerinde hep Hüseyin konuşuluyordu. Bu hâl Şebnem'i kızdırıyordu. Köyden yeni gelmiş bu çocuğun, okuldaki başarısını da çok kıskanıyordu. Hele Hüseyin'in Kitaplık Kolu Başkanı seçilmesine sinir olmuştu.

Bir gün okulda şiir okuma yarışması olmuş, Hüseyin bu yarışmaya Mehmet Âkif'in "Çanakkale Destanı" adlı şiiriyle katılmıştı.

Öğretmenlerin, öğrencilerin ve birçok velinin dinleyici olarak katıldığı bu yarışmada Hüseyin birincilik ödülünü almıştı.

Dinleyiciler arasında Şerife Hanım ve Nesrin hanım da vardı.

Yarışma sonunda beraberce eve gitmişlerdi. Şerife Hanım, Hüseyin'i takdir dolu gözlerle seyredip bağrına basmış, sevinç gözyaşları dökmüştü. Nesrin Hanım da Hüseyin'i tebrik ettikten sonra:

– Yavrum, ne olur biraz Şebnem'le ilgilen. Bu yıl da sınıfta kalırsa babası artık okula göndermez, dedi.

Hüseyin bu iyi yürekli kadını kırmamak için Şebnem'in kendisiyle konuşmadığını söylemedi. Yalnız,

– İsterse beraber çalışırız, dedi.

Nesrin Hanım, teşekkür edip ayrıldı. Biraz sonra Şebnem'le birlikte geldiler. Şebnem ona kızgınlıkla bakıyordu. Hüseyin buna aldırmadı.

– Hoş geldin Şebnem, dedi.

Beraberce çalışma odasına gittiler. Kitaplarını, defterlerini çıkarıp, masaya oturdular. Hüseyin Tarih dersinde bugüne kadar öğrendiklerini kısa kısa özetledi. Şebnem onu dinlemiyordu.

– Beni dinlemiyorsun, dedi Hüseyin.

Şebnem cevap yerine, dudaklarını alay edercesine büktü.

Hiç konuşmadan bir saat oturdular. Şebnem, daha sonra toparlanıp evin yolunu tuttu.

* * *

Ders yılı bitmek üzereydi. Şerife Hanım ve Hüseyin yeni evlerinin bahçesini düzene koymuşlar, evin arkasındaki boşluğa çeşitli sebzeler dikmişlerdi. Girişte ve evin çevresinde bir metre genişliğinde beton dökülmüştü. Bu beton yolların etrafını demir parmaklıklarla çevirip, sarmaşıklarla donatmışlardı. Bahçe kapısına kadar, iki buçuk metre yükseklikte demir çubuklardan kemerler vardı. Sarmaşıklar bu kemerlerin üzerini kapatınca, yeşil bir koridor meydana gelmişti. Sarmaşıkların arasına dikilmiş asmalar da bu çubuklara doğru uzanmaya başlamıştı. Yandaki boşlukta etrafı güllerle çevrili, yıldız biçiminde, mermerden yapılmış bir havuz vardı. Havuzun yanında yine demir çubuklardan kemerlerle küçük bir çardak yapılmış, etrafı üzüm asmalarıyla donatılmıştı.

Sıcak bir mayıs günü Şerife Hanım'la Nesrin Hanım bu çardağın altında sohbet ediyordu. Hüseyin'le Şebnem de evin ön balkonunda yoldan geçenleri, denizi ve balıkçı motorlarını seyrediyorlardı. Hüseyin ailesinin zoruyla buraya gelen, kendisinden pek hoşlanmayan Şebnem'e:

– Ben ders çalışacağım. Okulun bitmesine bir ay kaldı. İstersen...

Sözünü bitirmesini beklemeden Şebnem, hırçın bir sesle:

– Sana kaç defa söyledim. Benim ders çalışmaya ihtiyacım yok, dedi.

Hüseyin, sakin olmaya gayret ederek:

– Sınıfta kalacaksın, dedi.

– Seni ilgilendirmez.

– Baban sık sık soruyor: "Şebnem'in dersleri nasıl gidiyor?" diye. Ona ne cevap vereceğim, dedi Hüseyin.

Şebnem omuzlarını silkti, kollarını balkon demirine koydu, ellerini yumruk yaparak yüzüne dayadı. Gözlerini mavi sularda gezdiriyordu. Hüseyin, Şebnem'in bu umursamazlığına kızdı:

– Ben de babana "Şebnem sizin zorunuzla yanıma geliyor. Ama hiç derslerine bakmıyor, diyeceğim." dedi.

– Eğer babama böyle bir şey söylersen senin yüzüne bakmam, dedi.

Hüseyin sustu. Şebnem annesinin yanına gitti. Hüseyin de dersinin başına geçti.

Akşam, Selahattin Bey kapının önünden geçerken arabasını durdurup, havuzun başında duran Hüseyin'i çağırdı. Ona büyükçe bir paket uzatarak:

– Bu hediyeyi sana aldım, dedi.

Hüseyin, bu kocaman paketi, çok merak ettiği hâlde alamadı. Selahattin Bey bu hediyeyi Şebnem'e ders çalıştırdığı için almış olmalıydı.

– Alsana yavrum. Hediye bu. Başka şey değil ki.

– Teşekkür ederim efendim, dedi Hüseyin, ben bunu hak etmedim.

Selahattin Bey, arabadan indi.

– Bu kadar utangaç davranman doğru değil. Bu hediyemi almazsan sana kırılırım.

Hüseyin sonunda utana sıkıla hediyeyi aldı. Selahattin Bey de evine döndü.

Unutulmayan Çocuk...

Küçük Şükran iki yaşını doldurmuştu. Osmancık bu yaşta iken kaçırılmış ve ortadan kaybolmuştu.

Fatma Hanım yine bir ağustos günü, uyuyan küçük kızını sevgi ile seyrederken o acıyı hatırladı. Olayın üzerinden dokuz yıl geçmesine rağmen kaybolan yavrusunun acısını hâlâ yüreğinde taşıyordu. Hele Küçük Şükran uyku arasında gülümseyince Fatma Hanım içini çekiyor, gözleri dolu dolu oluyordu.

– Yaşıyorsa şimdi on bir yaşındadır değil mi?

– Ortalığı düzenlemekle meşgul olan Ayşe Kadın anlamamıştı.

– Efendim, dedi.

Fatma Hanım, nemli gözlerini ona çevirdi:

– Osmancık, dedi. Şimdi fidan gibi olmuştur.

– Kemal'den bir yaş küçük.

– Acaba neredecir şimdi?

– Allah bilir, dedi Ayşe Kadın.

Fatma Hanım; yine bir hıçkırık nöbetinin geleceğini anladığı için kendini bahçeye attı. Uyuyan küçük Şükran'ı bu seslerle uyandırmak istemiyordu. Bütün çocuklar gibi o da annesini ağlarken görse ağlıyor, gülerken görse gülüyordu.

Fatma Hanım gül bahçesinde bir müddet gezindi. Rengârenk gülleri dalgın dalgın seyrederken yanına Gül Dede geldi.

– Kızımız bugün çok dalgın.

– Osmancığı düşündüm Gül dede.

– Allah sana Şükrancık verdi.

– Şükürler olsun, dedi Fatma Hanım. Fakat Osmancığı unutmam mümkün değil. Nereye baksam, neyle oyalansam, unutmaya çalıştığım yavrumu daha çok hatırlıyorum.

Gül Dede'nin yüzündeki ışıltılı tebessüm kayboldu, yerini hüzün aldı.

– Benim gibi, dedi.

Fatma Hanım, Gül Dede'yi belki ilk defa böyle görüyordu. Fakat bu nurlu yüzdeki dalgınlık uzun sürmemiş yine aydınlanmıştı.

– Yavrusunu kaybedenler, kaybettiği zaman ağlar. Ama senin gibi yavrusunun ne olduğunu, nereye gittiğini bilmeyenler, ömür boyu bu merakı taşırlar. Sana hak veriyorum, dedi.

– Haklısın, dedi Fatma Hanım. Öldüğünü duysam, belki bu kadar sürmezdi ıstırabım.

Gül Dede, birkaç olgun gülü koparıp buket yaptı. Fatma Hanım'a verirken:

– Allah kavuştursun, dedi.

Fatma Hanım'ın bu temenniden yüreği ürperdi.

– İnşallah, dedi.

Gül Dede, kelimelerin üzerine basa basa:

– İnsan yürekten isterse bir şeyi Allah mutlaka verir, dedi.

– Benim Osmancığı istediğim kadar, kimse hiçbir şeyi yürekten isteyemez, dedi Fatma Hanım.

Akşam Abdullah Bey bir gazete haberini okuyordu:

Dün önce bir banka soyulmuştu. Bugün soyguncuların resimleri vardı. Bu aileye felaket getiren insanlar; Apo, Zevzek, Tophaneli ve eski bahçıvanları bankayı soyan çeteydi. Bu dört haydutun, polislerin arasında yaka paça götürülürken çekilmiş resmine uzun uzun baktılar.

– Belalarını buldular, dedi Ayşe Kadın.

Abdullah Bey, göz ucuyla Kemal'e baktı. Gazeteyi gösterdiğine pişman olmuştu. Çünkü Kemal, babasının perişan hâline korku ve utanç dolu gözlerle bakıyordu.

Abdullah Bey gazeteyi yavaşça kapattı. Kemal'e olayı unutturmak için konuyu değiştirmeye çalıştı. Çocuk ağlamaklı olmuştu. Ağlayacaktı da belki ağlamaktan çekiniyordu. Abdullah Bey'e bakamıyordu.

– Gül Dede'nin dersleri nasıl gidiyor, dedi Abdullah bey.

– İyi, dedi Kemal.

Ne sorduysa böyle birer kelimelik cevaplar aldı. Bu konuşmaların onu düşüncelerinden kurtaramayacağını anlayınca gazeteyi alıp çalışma odasına geçti.

Fatma Hanım hiç konuşmadı. Bahçıvanın banka soygununa katılması, tekrar hapse girmesi onu ilgilendirmiyordu. Biraz önce gazetede resmini gördüğü Apo, ona dokuz yıl önceki felaket gününü hatırlatmıştı. Şükran'ı gayri ihtiyarı bir hareketle bağrına bastı. Dev yapılı, korkunç yüzlü bu adamın, yine postacı kılığında gelip, Şükran'ı alacakmış gibi bir korku sardı içini. Minicik elleriyle saçlarını çekiştiren Şükran'ın sevimli yüzünde Osmancığın canhıraş feryat ile ağlar hâlini gördü. Burnunun direğinde bir sızı hissetti, boğazına bir hıçkırık düğümlenmişti.

Gözlerinden yaşlar akmaya başladı. Şükran annesinin ağladığını görünce; küçük, yeşil gözlerini ona dikti ve o da ağlamaya başladı.

Ayşe Kadın, Şükran'ı annesinin kucağından alıp avutmaya çalışıyordu. Fatma Hanım çocuğun beşiğine kapanmış ağlıyordu. Kemal, bu gözyaşlarına bir mana veremedi.

Hıçkırık seslerini duyup aşağı inen Abdullah Bey, karısına, biraz da kızgın bir sesle:

– Yeter artık, dedi. Gözyaşı hiçbir şeyi geri getirmez.

– Getirir, dedi Fatma Hanım. Acı dolu sesiyle devam

etti: Gözyaşı yalnız ölüleri geri getirmez. Benim yavrum ölmedi. Şuramda bir his var, yaşıyor.

– Ben öldü demedim ki, dedi Abdullah Bey. Ben de ümidimi kesmedim.

Fatma Hanım hıçkıra hıçkıra konuşuyordu:

– Çağırmazsan gelir mi, dedi.

Abdullah Bey, biraz da şaşkın bir sesle:

– Nasıl? Nasıl çağırmalı onu?

Fatma Hanım'ın yüzünde acı bir tebessüm belirdi. Buğulu gözlerini uzaklara bakar gibi dikmişti. Sanki şiir okuyordu,

– Ben yavrumu gözyaşlarımla çağırırım. Çünkü sesimi duyamaz, dedi. Hasretinin yüreğimde açtığı yaranın acısıyla çağırırım... İsmi anıldıkça, boğazıma düğümlenen hıçkırıklarla çağırırım... Seher vakti ellerimi Yaratanıma açar, kimsenin duymadığı bir sesle ciğerparemi isterim.

Köşkün sessizliğini hıçkırıklar kaplamıştı. Şükrancık bile, kimden bahsedildiğini anlamış gibi, buğulu gözlerini annesine dikmiş, kesik kesik hıçkırıyordu.

* * *

Garip, askerliğini bitirip İstanbul'a gelmişti. Onun gelişiyle Şerife Hanım ve Hüseyin'in mutluluğu bir kat daha artmıştı. Akşam yemeklerini bahçede, birlikte yiyorlar, sonra da çaylarını içip, denizi seyrederek geç saatlere kadar sohbet ediyorlardı.

Garip ile Hüseyin zaman zaman birlikte çıkıyor, İstanbul'u geziyorlardı. Bu sıcak ağustos günlerinde

İstanbul çok güzeldi. Şerife Hanım'ı da gezdirmek istiyorlardı ama Şerife Hanım her seferinde dizlerindeki ağrıyı bahane edip onlara katılmıyordu.

Akşam biraz geç kalsalar Şerife Hanım bu iki oğulcuğunu merak ediyordu. İyi yürekli bu kadın onları öz anneleri gibi seviyordu. Hele onun Hüseyin'e bağlılığı dünyalara değişilmezdi. Bir gün Hüseyin:

– Anne hep dizlerim ağrıyor diyorsun. Bir arabamız olsa ağbim sürer, senin de yürümekten dizlerin ağrımaz, dedi.

Şerife Hanım gülümsedi. Garip utandı. Gerçi ehliyeti vardı, ama Şerife Hanım'dan bunu isteyemezdi.

Aradan üç gün geçti, kapıya beyaz Murat marka bir araba geldi. Şerife Hanım, Hüseyin'in bir dediğini iki etmezdi. Garip ve Hüseyin arabayı görünce çok sevindiler. O gün birlikte Boğaza gittiler. "Yalan dünyanın cenneti." diye söylenen İstanbul Boğazı'nı doya doya gezdiler.

Şerife Hanım, daha önceden gözüne kestirdiği, arka sokakta oturan arkadaşlarından birinin kızına, Garip için dünür oldu.

Şerife Hanım'ı yakından tanıyıp ahlakına güvenen arkadaşı bu isteği kabul etti. Kızın babası da Garip'le tanıştı. Bu saf ve temiz yürekli delikanlıyı beğendi. Hemen düğün hazırlığı başladı.

Bu hazırlıkların yapıldığı günlerde Şerife Hanım'ın kafasına bir mesele takılmıştı. Garip ne iş yapacaktı. Evlenip, yuva kuracaktı. Kendi geçimini temin edebilmeliydi. Garip alınan taksi ile müşteri taşıyor, biraz para kazanıyordu. Ama Şerife Hanım, bu mesleği sevmiyordu. Kaza yapmasından korkuyordu. Çünkü İstanbul trafiği çok karışıktı. Bu düşüncelerini Garip'e anlattı. Garip çok sevip saydığı bu kadının sözünden çıkamazdı.

– Siz nasıl uygun bulursanız, öyle yaparım, dedi.

– İstersen, dedi, Şerife Hanım, nişanlının babasına ortak ol. Sana sermaye verebilirim. Ben ne yapacağım bu paraları? Mezara götürecek değilim ya! Hem sizden başka kimim var?

– Evinizdeyiz. Düğün masraflarımı görüyorsunuz. Fazlasını istemem. Bir işe girer çalışırım, dedi Garip.

Şerife Hanım Garip'in omuzlarını tuttu.

– Nasıl istersen öyle yap. Önce bir işe girip, öğren. Sonra iş yeri açarız sana, dedi.

Garip cevap vermedi.

Düğün hazırlıkları tamamlandı. Güzel bir düğün yapıldı. Şerife Hanım Garip bir yuva kurabildiği için çok mutluydu.

Hüseyin ortaokulun birinci sınıfını iftiharla geçmişti.

Şebnem ise sınıfta kalmıştı. Babası artık onu okula göndermek istemiyordu haziranda girdiği imtihanların hiç birini veremediği için eylülde imtihana girmesine dahi lüzum görmemişti.

Bir ikindi vakti Şebnem geldi. Bitkin ve üzgün bir hâli vardı. Hüseyin'le yalnız konuşmak için Şerife Hanım'dan izin istedi. Şerife Hanım,

– Tabii yavrum. Odasında kitap okuyor Hüseyin, dedi.

Teşekkür edip yukarı çıktı. Hüseyin onu görünce yine hırçınlıklar yapacak endişesi ile yüzünü çevirdi. Şebnem ellerini önüne kavuşturup, yavaş bir sesle:

– Senden özür dilemeliyim, dedi.

Hüseyin şaşkın şaşkın ona baktı.

– Sonunda alay edeceksen, özrünü istemem, dedi.

– Dinle biraz, dedi Şebnem.

Sesini biraz daha yumuşattı Hüseyin.

– Söyle, dedi.

Şebnem nereden başlayacağını bilemiyordu. Dudaklarını ısırdı.

– Babam beni artık okula göndermeyecek, dedi.

– Biliyorum, dedi Hüseyin, böyle olacağı belliydi. Sana söyledim. Beni dinlemedin ki. Şimdi çok kötü oldu.

– N'olur bir çare bulalım. Okula gitmezsem deli olurum.

Hüseyin bir an düşündü. Omuzlarını silkip umursamamak, bir zaman onun yaptığı gibi dudak büküp geçmek istedi. Ama yapamadı. Hemen sorumluluk duygusu içini sarmıştı.

– Ne yapabiliriz, dedi.

Şebnem utancını belli eden bir sesle:

– Eylül imtihanlarına girsem vereceğime inanıyorum, dedi.

– Gir öyleyse, dedi Hüseyin. İmtihanlarında başarılı olursan baban okula gönderir.

– Babam İmtihana girmemi bile istemiyor. Artık bana güvenmiyor.

– Şebnem'in dudakları titredi, ağlamaya başladı.

– Ağlama n'olur! dedi Hüseyin. Babana sana güvenmiyor değildir. Ama sen hiç çaba göstermiyor, kendin için hiçbir şey yapmıyorsun.

Şebnem ağlamasını sürdürüyordu. Yalvaran bir sesle:

– Hüseyin, babam seni çok beğeniyor. Sen söylesen kabul eder. Okuluma gitmek istiyorum, dedi.

Hüseyin hiç tereddüt etmeden:

– İstediğin buysa hemen bu akşam söylerim, dedi.

Şebnem'in ağlamaklı yüzünde minnet dolu bir tebessüm belirdi. Yüzünü yıkadı, Hüseyin'e teşekkür edip ayrıldı.

Hüseyin o akşam Şerife Hanım ve Garip'e hep birlikte Şebnemlere gitmeyi teklif etti. Bu teklifi hepsi kabul etti.

Selahattin Bey, Nesrin Hanım ve Şebnem bu ziyaretten çok memnun kaldılar. Bir fırsatını bulup, Hüseyin Selahattin Bey'e Şebnem'in durumunu anlattı. Ona bir fırsat vermesini yalvarırcasına istedi. Her gün ders çalıştıracağını söyledi.

Selahattin Bey, çok takdir ettiği bu çocuğun İsteğini kabul etti. Hüseyin hemen Şebnem'le bir köşeye çekilip ders çalışmaya başladılar.

Gerçekten de Şebnem pişman olmuş, okula gönderilmeyeceğinden korkmuş, var gücüyle gece gündüz ders çalışıyordu. Eylül imtihanlarında üç dersinde başarılı oldu.

Selahattin Bey ve Nesrin Hanım bu sonucu hiç beklemiyorlardı. Hüseyin'e teşekkür ettiler. Şebnem'i tebrik ettiler.

Ortaokul başarıdan başarıya koşan Hüseyin için çok kolay bitmişti. Şebnem de sınıfta kalmadan ortaokulu bitirmişti. Liseye aynı okulda ve aynı sınıfta başlamışlardı. Hüseyin onun sınıfta kalmaması için onunla ilgileniyordu. Kendisi okulda takdir edilen, parmakla gösterilen bir öğrenciydi.

Yazdığı hikâyeler okulun duvar gazetesinde yayınlanıyordu. Şehir hayatını bildiği kadar, köy hayatını da bildiğinden, çok güzel hikâyeler yazıyor, her hikâyesi edebiyat dersinde söz konusu ediliyordu.

Şerife Hanım, büyük adam olacağına inandığı Hüseyin'in başarılarıyla gurur duyuyordu. Garip ve hanımı Nevin Hanım da ellerinden gelen özeni göstererek onun üzerine titriyorlardı.

Böyle mutluluk dolu aylar birbirini kovaladı. Hüseyin lisenin son sınıfına kadar aynı başarıyı sürdürdü. Lise son sınıfa başladığı zaman on yedi yaşına henüz girmişti. Sarı saçları, yeşil gözleri ve fidan gibi endamıyla gösterişli bir delikanlı olmuştu. Yardımseverliği, ciddiyeti ve çalışkanlığı ile herkes tarafından takdir ediliyordu. Yalnız derslerinde değil, yaptığı her işte başarılıydı. Öğretmenlerine karşı saygılı, arkadaşlarına karşı oldukça nazikti.

Okulun eski müdürü gitmiş, yerine yeni bir Müdire Hanım gelmişti. Müdire Hanım, aynı zamanda edebiyat derslerine giriyordu. Daha ilk derslerde Hüseyin'in edebiyata karşı yeteneği dikkatini çekmişti. Duvar gazetesini yönetme görevini ona vermişti.

Hüseyin son sınıflardan bir grup oluşturarak duvar gazetesini çıkarmaya başladı. Önceki senelerden çıkan duvar gazetelerinden daha intizamlı, daha itinalı ve daha kaliteli çıkıyordu. Müdire Hanım daha ilk sayısında Hüseyin'i çağırıp tebrik etti. Hüseyin'in gazeteye yazdığı hikâyenin çok mükemmel olduğunu söyleyip:

– Bir lise talebesinin bu kadar güzel ve ustaca hikâye yazması az rastlanan bir olay, dedi.

Hüseyin, teşekkür etti. Bir insanın yeteneği doğrultusunda çalışarak başarıya ulaşması çok güzel bir olaydı.

Hüseyin'in çalışma odasının küçük bir kütüphaneden farkı yoktu. Yaz tatilinde son sınıf derslerine iyice hazırlandığı için şimdi üniversite imtihanlarına hazırlanıyordu.

Bir gün, fizik dersine gelen yaşlı öğretmenleri Nuri Bey'in trafik kazası geçirdiği haberi okula geldi. Birinci dersin bitmesine on dakika kala bu kara haber bütün okula yayıldı. Öğretmenlerin hepsi, Nuri Bey'in kaldırıldığı hastaneye gittiler.

Müdire Hanım, okulu tatil etti. Öğrenciler de hastaneye gitmek isteyince:

– Çocuklar! Hasta bir insanın başında yüzlerce ziyaretçinin bulunması doğru olmaz. Şimdi evlerinize gidin yarın durumu size bildiririz, dedi. Öğrenciler evlerine dağıldılar. Hüseyin de çaresiz evine gitti. Evin kapısını kendi anahtarlarıyla açıp doğruca kütüphanesine geçti.

Şerife Hanım ve Garip birlikte alışverişe çıkmışlar, Nevin de annesine gitmişti. Hüseyin odasına geçtiği sırada dışardan Şerife Hanım'la, Garip'in sesi geliyordu. Hüseyin'i okulda zannettikleri için kapının açık olmasına şaşırmışlardı. Şerife Hanım:

– Oğlum her zaman söylüyorum; ben ihtiyarladım. Bak, kilitledim zannediyordum kapı açık kalmış.

Bu konuşmaları duyan Hüseyin, içerde kıs kıs gülüyordu. Birden ortaya çıkıp onları şaşırtacaktı. Eğer Şerife Hanım, Hüseyin'in kanını donduran cümleyi söylemese, Hüseyin kapıyı açmak üzereydi. Ama Şerife Hanım öyle bir cümle söyledi ki, Hüseyin olduğu yerde taş kesildi.

– Benim öz anneniz olmadığımı, Nevin'e söyledin mi yoksa?

Bu cümle yıldırım gibi gelmişti kulaklarına Hüseyin'in.

– Bunu nereden çıkarıyorsun anne, dedi Garip.

Şerife Hanım'ın iç çektiği duyuldu.

– Bilmem. Nevin ikide bir, "Anne bu çocuklardan hangisi öz, hangisi üvey?" diye soruyor da...

Garip;

– Nevin'in şakacılığını bilirsin. Yoksa ben, hiçbir şey söylemedim.

– Aman Garib'im. Bak; yurdumu, yuvamı, Hüseyin'im benim öz annesi olmadığımı bilmesin diye terk ettim. Gerçi sana güvenim sonsuz. Ama eşindir, boş bulunup söylemeyesin, diye yalvardı Şerife Hanım.

Bu sırada kütüphaneden bir inilti, peşinden de "küüt" diye bir ses duydular. Şaşkınlıkla birbirlerinin gözüne baktılar.

Garip kütüphanenin kapısını açınca, Şerife Hanım on beş yıl korkusunu çektiği manzarayla karşılaştı. Hüseyin yerde baygın yatıyordu. Şerife Hanım bir çığlık atarak onun üzerine kapandı. Garip bir müddet şaşkınlıktan kurtulamadı. Bu acıklı manzarayı sadece seyrediyordu. Birden kendini toparlayıp Hüseyin'i düştüğü yerden kaldırdı. Dikkatle salona getirip divanın üzerine yatırdı. Şerife Hanım:

– Dilim kopaydı da söylemez olaydım. Korktuğum sırrı kendim söyledim. Duydu bizi Hüseyin'im. Bizi duyup dünyası yıkıldı yavrumun, diye bağırıyordu.

Garip, kolonyayla, Hüseyin'in alnını, boyun damarlarını ovdu. Hüseyin yavaş yavaş kendine geldi. Şerife Hanım ona yalvaran gözlerle bakıyor, sanki af diliyordu.

– Kuzum n'oldu sana? Niçin düşüp bayıldın? Hüseyin'im, birtanem.

Hüseyin ağlamaklı gözlerle baktı ikisine de. Çenesi titremeğe, gözleri buğulanmağa başlamıştı.

– Yavrum, dedi Şerife Hanım. N'olur ağlama. Gözlerine kurban olurum ağlama. Annen sana kurban olsun...

Hüseyin'e ağlama diye yalvaran Şerife Hanım'ın gözlerinden yağmur gibi yaşlar boşalıyordu.

Garip, ağlamamak için kendini zor tutuyordu. O da ağlasa evin içi hıçkırıklarla dolacaktı.

– N'olur susun, dedi Garip. Hüseyin, canım kardeşim. Seni ne kadar sevdiğimizi bilirsin! Niçin ağlıyorsun? Konuş benimle...

Hüseyin'in dudakları kıpırdadı. Gözyaşları yeni terleyen bıyıklarından süzülüp bembeyaz dişlerine doğru aktı. Bir şeyler söylemek istiyordu, söyleyemedi. Yüzükoyun döndü. Kesik kesik hıçkırıkları duyuluyordu. Garip de tutamadı kendini. Kara gözlerinden kara bıyıklarına doğru iri iri gözyaşları yuvarlandı. Şerife Hanım, küçük bir bebeğe ninni söyler gibi "yavrum" diye ağlıyordu.

Hepsi ağlıyordu. Bir ölü evinde ancak bu kadar matem olabilirdi. Şerife Hanım, kalbindeki sırlı düğümü kendi diliyle bilmeden çözmüş, evinin mutluluk düzenini istemeyerek değiştirmişti.

Güneşin batmasına yakın Şerife Hanım saatlerce süren sessizliği bozdu. Garip'e yavaş bır sesle:

– Hiç sesi çıkmıyor. Bak hele, ne oldu, dedi.

Garip, bakışlarını yüzükoyun yatışını hiç değiştirmeyen Hüseyin'e çevirdi. Hüseyin'in rengi sararmıştı. Nefes alışı da hayli bozuktu, dudakları kıpırdıyor, ama ne söylediği hiç duyulmuyordu. Garip:

– Ben doktor çağıracağım, dedi.

Hızla dışarı çıktı. Arabasını çalıştırıp gittiği duyuldu. Şerife Hanım, Hüseyin'in rengini bu hâlde görünce iyice telaşlanmıştı. Havluyu ıslatıp onun ter ve gözyaşlarını kuruladı.

Istırabın yanı başına müthiş bir korku gelmişti. Hüseyin'i hiç bu kadar perişan görmemişti. Şimdi olabilecekleri düşünüyordu. Hüseyin bu şokun etkisiyle uzun süre hasta yatabilirdi. Kendisine artık yürekten, "anne" demeyecekti. Belki de sevgisi tamamen bitecek, onunla hiç konuşmayacaktı. Gelinin annesine gitmesi iyi olmuştu. Ama bizimle gelse bu meseleyi hiç açmazdım ve bu acı olay başımıza gelmezdi diye düşündü.

Doktorun gelmesi uzun sürmedi. Doktor, Hüseyin'i güzelce muayene etti. Garip'e dönerek:

– Ruhi bir sarsıntı geçiriyor. Onu bizim kliniğe alsak daha iyi olur, dedi.

– Siz daha iyisini bilirsiniz, dedi Garip.

Hüseyin'i arabaya bindirip götürdüler. Şerife Hanım, klinikte Hüseyin'i yatırdıkları yatağın yanına oturdu.

– Onun başucundan ayrılmam, dedi.

Garip, sabah tekrar uğrayacağını söyleyip ayrıldı.

* * *

Hüseyin, klinikte bir hafta yattıktan sonra çıkmıştı. Ne olursa olsun okulunu aksatmak istemiyordu. Gözlerindeki mutluluk pırıltıları kaybolmuş, yüzü süzülmüştü. Atılgan, canlı, çevresiyle devamlı ilgilenen delikanlı gitmiş, yerine; dalgın, içine kapalı ve sessiz biri gelmişti. Yüreği, insan sevgisiyle dolu, hayatı boyunca kimsenin kalbini kırmamağa özen gösteren Hüseyin, öğrendiği acı gerçekten kendisi kadar Şerife Hamın'ın da yıkıldığını hissetmişti. Onu daha fazla üzmemek için, o gün duyduklarını hiç tekrarlamamıştı... Bu hassas ruhlu genç, yaralı yüreğine bir çengel gibi takılan soru işaretinin cevabını sormaktan çekiniyordu. Kendi ıstırabını bir yana bırakıp, çevresindeki insanların yaralarını sarmağa uğraşıyordu. Şerife Hanım'a "anne" diyerek, değişmediğini anlatmaya çalışıyordu. Nevin Hanım, gerçeği hiç öğrenememişti. Hüseyin'in aniden rahatsızlanıp, kliniğe yattığına çok üzülmüş birkaç defa ziyaretine gitmişti.

Meçhulden Gelen Çocuk...

Garip, Hüseyin'i kütüphanesinde, gözlerini tavana dikmiş, derin derin düşünürken görünce sesine yapmacık bir öfke katarak:

– Hüseyin kardeşim çok dalgınsın. Seni böyle görmek üzüyor bizi. Yeter artık. Hadi seni Emirgan'a götüreyim, açılırsın dedi.

Hüseyin cevap vermeden ayağa kalktı. Garip'e itaat etti. Birlikte arabaya binip Emirgan'a doğru gidiyorlardı. Sirkeci'ye kadar hiç konuşmadılar. Garip sessizliği bozmak için:

– Sana şoförlük öğreteyim mi?

Hüseyin "hayır" anlamına başını salladı. Yine dalmıştı. Garip'i üzmemek için gülmek, konuşmak istiyordu. Ama içinden gelmiyordu. Tophaneyi geçip Fındıklı'ya geldikleri zaman, sahildeki parkta bir kalabalık gördüler. Garip arabayı yanaştırıp durdurdu.

15-16 yaşlarında perişan kılıklı, esmer, kirli yüzlü bir oğlan; elinde koca bir zilli tef, kolunun altında uzunca bir değnekle ihtiyar bir ayıyı oynatıyordu. Tefin zil sesiyle hayvan, ön ayaklarını havaya kaldırıyor, arka ayakları üzerinde sağa sola yalpalıyordu. Burnundaki hızmaya bağlı zincirin bir ucu çocuğun elindeydi. Kirli yüzlü çocuk, anlaşılması güç sesler çıkararak ayıya emirler veriyordu. Koca ayı bu çocuğa kayıtsız şartsız itaat ediyordu. Hüseyin'in manzarayla pek ilgilenmediğini gören Garip, fazla durmadı. Arabayı sürdü. Beşiktaş'ı geçince Hüseyin'e:

– Hiç konuşmayacak mısın, dedi.

Hüseyin soruyu anlamamış gibi Garip'in yüzüne bakıyordu.

Garip;

– Çok üzülüyorum, dedi.

Hüseyin de bu sessizlikten ve başkalarını üzmekten hoşlanmıyordu.

– İçimden geldiği gibi konuşursam kızmaz mısın, dedi.

Garip, yüksek bir sesle:

– Konuş, dedi. Nasıl geliyorsa içinden öyle konuş.

Hüseyin bir iki yutkundu.

– Ben kimim, dedi. Kimin nesiyim? Sen kimsin? Şerife Hanım, yani "anne" dediğimiz kadın kim? O, benim annem değilse gerçek annem kim?

Garip, renkten renge giriyordu. Bunları cevabını vermek lazımdı. Çünkü sır açılmıştı. Her şey söylenmeliydi artık.

– Sana her şeyi açıkça anlatacağım. Bildiğim kadarıyla tabi... Benim anlattıklarım, bu sorularının hepsine cevap olmayacak, yine kafanda sorular kalacak ve belki hiç cevap bulamayacaksın.

Hüseyin dikkat kesilmiş, heyecanlanmıştı.

– Ne biliyorsan anlat. Her şeyi öğrenmek istiyorum, dedi.

Garip bu ince meseleyi arabada anlatmak istemiyordu.

– Biraz daha sabret, dedi. İleride sakin bir sahil kahvesi var. Oraya oturup konuşalım.

Arabanın süratini arttırdı. Bahsettiği kahveye geldiklerinde de vakit ikindi olmamıştı. Denizi ve karşı sahili seyredebilecekleri bir masaya oturdular, çaylarını içerken Garip 15 yıl öncesinden başlayıp Hüseyin'i dağ başında, terkedilmiş bir evde nasıl bulduğunu, aynı gün ayrılıp çiftliğe getirdiklerini anlattı.

Hüseyin, Garip'i merak ve heyecanla dinliyordu.

– Benim annemi babamı, siz de tanımıyorsunuz öyleyse, dedi.

Garip ümitsiz başını salladı:

– Anlattıklarımdan başka bilgim yok, dedi.

Hüseyin yine derinlere dalmıştı:

– Çiftlikten öncesini hatırlamıyorum. O kocaman çiftlik evini, altında oynadığımız meyve ağaçlarını, gezdiğim su kenarlarını biliyorum. Orada doğdum sanki. Keşke bunları hiç bilmesem hiç duymasaydım.

"Babam öldü" diye ağladım, şimdi "babam kim" diye düşünüyorum. Annem diye yıllarca sevdiğim iyi yürekli bir kadın var. Şimdi "annemi" merak ediyorum. Öyle bir hikâye anlattın ki, kafamdaki soruları çözmedi, çoğalttı. Dağ başında ıssız bir evden başka ipucu yok. Bir masal gibi...

– Bunun için, dedi Garip, yıllarca anlatmadık sana gerçeği...

Hüseyin, Garip'in ellerini tuttu:

– Bana o evi gösterebilir misin?

– Seni bulduğumuz terkedilmiş evi mi?

– Evet, dedi Hüseyin. Görmek istiyorum.

Garip düşündü.

– Her geçişimde, yüreğimde bir heyecan duyarım. Sanki yukarda, yine bir çocuk ağlıyormuş gibi bir duyguya kapılırım, dedi. İstersen hemen gidelim. Ama yarın gitsek daha iyi. Hayli uzak. Akşam karanlığında bir şey göremeyiz.

– Yarın, dedi Hüseyin. Yarın mutlaka gidelim.

Ertesi günü Hüseyin, izin için Müdire Hanım'ın yanına gitti. Müdire Hanım, mazeretini dahi sormadan, güvendiği bu öğrenciye izin verdi.

– Yalnız, dedi Müdire Hanım, sana bir haber var. Milli Eğitim Müdürlüğü liseler arası şiir ve hikâye yarışması tertip etti. Hikâye dalında senin, okulumuzu temsil edebileceğini düşündüm. Ne dersin?

– Ne kadar zamanımız var, dedi Hüseyin.

Müdire Hanım gülümsedi.

– Bir ay var, dedi. Sen bir ayda bir hikâye yazarsın. Buna inanıyorum.

Hüseyin iyice meraklandı.

– Efendim şartlar nasıl? Konu serbest mi?

– Konu serbest, dedi Müdire Hanım, 7 sayfayı geçmeyecek.

Hüseyin o anda konuyu seçmişti. Kendi hikâyesini yazmağa karar vermişti. İzin isteyip okuldan ayrıldı.

Garip'le beraber, on beş yıl önce ilk bulunduğu yere gittiler. Garip, terkedilmiş evi bulmakta güçlük çekti. Çünkü o zaman tamamen ıssız olan bu yerlere fabrikalar kurulmuştu. Birkaç defa anayola inip geri çıktı. Sonunda duvarları tamamen yıkılmış bir evin yanına geldiler. Yıkıntılar arasında yarım yuvarlak bir kemer taşı vardı. Taşın ortasında paslanmış demir bir hâlka vardı. Garip bu demir hâlkalı taşı pencerenin üzerinde görmüştü... Hüseyin'i bulduğu evin, bu virane olduğuna kesinlikle inandı.

– İşte burası, dedi.

Evin hemen yakınında, gövdesi çok kalın bir ağaç vardı. Garip bu ağaca yaslanıp, el feneri ile etrafa baktığını hatırlıyordu.

– Evet! dedi Garip.

Hüseyin, bu viraneyi, etrafındaki bakımsız ağaçları uzun uzun seyretti. Ümitsiz, soğuk duygulara kapıldı.

– Eğer tahminimiz doğruysa, annem benden kurtulmak için bu viraneye terk ettiyse, ben dünyanın en vicdansız annesini merak ediyorum, dedi.

Garip omuzlarını kaldırıp:

– Başka ne olabilir, dedi.

Konuşa konuşa anayola indiler. Hüseyin etrafı inceleyip, viraneye çıkan yeri iyice tespit etti. Sonra arabaya binip gittiler.

Hüseyin o akşam hikâyesini yazmaya başladı. Hikâye yazmada oldukça ustalaşmasına rağmen, büyük bir yarışmaya katılacağı için bu hikâyeye çok özen gösterdi. Yazdığı hikâyeye hiç yalan katmamıştı. Şerife Hanım ve Garip'e zaman zaman sorular sorup, açıklamalar istedi. Hikâyeyi öz geçmişini anlatan bir hatıra gibi hazırlıyordu. Bir ay dolmadan "Meçhulden gelen çocuk" adını verdiği hikâyeyi yedi daktilo sahifesi hâlinde Müdire Hanım'a teslim etti.

Müride Hanım, Hüseyin'in teslim ettiği hikâyeyi sakin kafayla okumak için evine götürmüştü. Çalışma masasına geçip, "meçhulden gelen çocuk" adlı hikâyeyi okuyunca, heyecandan bayılacak gibi oldu. Çünkü bu hikâye, dayısı Abdullah Bey'in 15 yıl önce kaybolmuş Osmancığını hatırlatıyordu. Daha doğrusu, 15 yıl merak ettikleri bir sualin cevabı... Osmancık, bırakıldığı dağ evinden kaybolup gitmişti. Nereye gitmişti? Ona ne olmuştu? Bu hikâyede açık açık yazılıydı. Lise müdiresi Zarife Hanım, rüya görmediğine inanmak istiyordu. Koşarak Abdullah Bey'in köşküne varmak, "Yavrunuzu buldum." diye haykırmak isteğini duydu. Ya, o değilse... Ya bu hikâyeyi başkasından duymuşsa. Hikâyeyi tekrar okudu. İnsan ancak kendi hayatını bu kadar duyarak yazabilirdi. Hüseyin'in hayalini gözlerinin önüne getirdi. Nasıl da şimdiye kadar hiç dikkat etmemişti. Bu çocuk, dayısına çok benziyordu. Ona duyduğu yakınlık, başarılarından ziyade bu kan bağından geliyordu. Zarife Hanım, olayın tesiriyle paniğe kapıldığını anlayınca sakinleşmeye gayret etti. Hikâyede Hüseyin'in hiç bilmediği annesini sadece merak ettiğini, ondan nefret ettiğini, karşılaşırlarsa sarılmayacağını yazdığı satırlara baktı. Çocuk, annesinin ondan kurtulmak için bir viraneye terk ettiği ihtimaline inanıyordu. Annesine bu ihtimalle kızıyordu.

Zarife Hanım, eline kalem alıp boş bir kağıda bu konuda yapması gereken işleri sıraladı. Önce Hüseyin'in Osmancık olduğunu kesinlikle öğrenmesi lazımdı. Hüseyin'in annesini babasını görmeden hikâyenin başını öğrenip, yanlış duygulardan kurtulması gerekti. Daha sonra köşke müjde verecekti.

Zarife Hanım ertesi günü ilk iş olarak Hüseyin'i odasına çağırdı. Şimdi ona, her zaman baktığından başka bir nazarla bakıyordu. Kapının yanında saygıyla bekleyen Hüseyin'i uzun uzun süzdükten sonra:

– Hikâyeni çok beğendim. Konusu bana çok enteresan geldi, dedi. Bu hikâyenin kaynağını söyleyebilir misin?

– Hikâye efendim, dedi Hüseyin.

– Dinle Hüseyin, ben edebiyata yıllarımı verdim. Hayal ürünü ile hatırayı birbirinden ayırabilirim. Senin bu hikâye ile ilgini, samimi olarak anlatmanı istiyorum.

Hüseyin yutkundu. Anlatmak istemiyordu.

– Bu sır, dedi. Afedersiniz öğretmenim.

– Hüseyin, dedi Zarife Hanım, bunu öğrenmek benim için çok önemli. Bir başkasına bu sırrı açmayacağıma söz versem...

Hüseyin daha fazla dayanamadı. Sırrını açıklamasını isteyen okul müdürüydü. Ayrıca çok saygı duyduğu bir öğretmendi.

– Efendim, dedi. Bu benim hikâyem. N'olur kimseye söylemeyin.

Zarife Hanım'ın gözleri dolmuştu. Kalbi yerinden fırlayacakmış gibi vuruyordu. Kendini tutmasa ayağa kalkıp Osmancık, diye haykıracak her şeyi anlatacaktı.

– Ağlıyorsunuz, dedi Hüseyin.

Zarife Hanım, gözlerini kuruladı. Sakinleşmeye çalıştı. Konuşamayacağını anlayınca biraz su içip bekledi.

– Çok duygulandım Hüseyin, dedi. Sana bir sual daha sormak istiyorum.

Hüseyin de dolmuştu. Ağlamamak için kendini zor tutuyordu.

– Buyurun efendim, dedi.

Sesi hıçkırıklara takılmıştı. Acı doluydu. Müdire Hanım'a bakamıyordu. Zarife Hanım:

– Olayın başladığı, terkedilmiş yıkık evi biliyor musun, dedi.

– Biliyorum, dedi Hüseyin.

– Nasıl öğrendin, dedi Zarife Hanım.

– Garip ağbim gösterdi, dedi Hüseyin. Hikâyedeki Garip'le hâla beraberiz.

Zarife duyduklarına sevinmişti. Demek ki, olayı doğrulayacak şahit de vardı...

– Hikâye İstanbul'a gelince bitiyor. Garip'le hâlen birlikte olduğunuzu yazmamışsın, dedi Zarife Hanım.

– Hüseyin içini çekerek:

– Nerede bıraktığım önemli mi, dedi. Nasıl olsa o hikâye davam ediyor. Başını ve sonunu yalnız Allah biliyor.

Zarife Hanım çözülmesi güç bir ima ile:

– Sonunu yalnız Allah biliyor, dedi. Ama başını bilenler var bu hikâyenin.

– Bileni biz bilmiyoruz, dedi Hüseyin.

Hüseyin'in yüzünde acı bir tebessüm belirdi. Başının döndüğünü, yüreğinin kabardığını hissetti.

– Gidebilir miyim, dedi.

Zarife Hanım, Hüseyin'in yüzündeki garip değişiklikten korkmuştu. Gözleri buğulu, hiçbir şeye bakmayan hâline dayanamadı.

– İstersen evine gidebilirsin, dedi. Seni üzdüğüm için beni bağışla.

Zarife Hanım, ayağa kalkarak onu uğurlarken:

– Beni yarın o eve götürür müsün, dedi.

Hüseyin kapıdan yarım döndü:

– Dağbaşı orası... Hem tamamen yıkılmış bir ev, dedi. Ben de çok merak ettim ama gittiğime değmedi.

– Rica ediyorum, dedi Zarife Hanım.

– İstiyorsanız, dedi Hüseyin, elbette götürürüm.

Ertesi gün, Zarife Hanım terk edilmiş ve yıkılmış evi görünce yanındaki delikanlının Osmancık olduğuna kesinlikle inanmıştı. Çünkü 15 yıl önce buralarda çalı diplerinde, kaya kovuklarına kadar onu arayanlar arasında Edebiyat Fakültesi öğrencisi genç Zarife de vardı. Biraz daha sabretmek lazımdı. Arabasıyla Hüseyin'i Üsküdar İskelesine bırakıp doğru köşke gitti.

Abdullah Bey, Fatma Hanım ve Küçük Şükran onu hasretle karşıladılar. Abdullah Bey, sitem etti. Zarife Hanım, okulun uzaklığını, işlerinin çokluğunu anlattı. Şükran çok sevdiği Zarife Hanım'ın kucağına yerleşmiş onu soru yağmuruna tutuyordu.

Yemekten sonra, Fatma Hanım'la bir köşeye çekildiler. Zarife Hanım, yakında dünyanın en güzel müjdesini vereceği bu yüreği yaralı kadına, gizlemeye çalıştığı bir heyecanla bakıyordu.

– Sizden bir ricam var Fatma Yenge, dedi.

– Estağfirullah Zarife Hanım; buyurun, dedi Fatma Hanım.

Zarife Hanım, onu heyecanlandırmamaya gayret ederek:

– Bana, anne sevgisi üzerine yaşanmış bir hikâye lazım, dedi.

– Evet, dedi Fatma Hanım.

Zarife Hanım rol yapmak zorundaydı. Hazırladığı

sürprizi bozmamak bazı pürüzleri yok etmek için, şimdilik bildiklerini açıklayamazdı.

– Yüreğindeki yarayı tekrar kanatmak istemem, dedi.

Fatma Hanım, merakla onu dinliyordu. Zarife Hanım aynı sesle devam etti:

– Başınızdan büyük bir olay geçti. Bugüne kadar elimden geldiğince size bu olayı unutturmak istedim. Fakat şimdi bu olayı yazmanızı istiyorum, dedi.

Fatma Hanım durgunlaştı. Şaşkın bakışlarını onun yüzüne dikti. Acı dolu bir sesle:

– Anlıyorum, dedi. Bunun ne faydası olur size?

Zarife Hanım sesine yalvaran bir hava kattı.

– N'olur. Çok lazım, dedi. Üstelik bu olayı size misafir getireceğim otuz kişinin içinde okumanızı istiyorum.

Fatma Hanım'ın hayreti gittikçe artıyordu.

– Kim bu otuz kişi? Neden benim hikâyemi dinleyecekler? Olayı benim kadar, sen de biliyorsun. Sen yazıp okusan daha güzel olur, dedi.

Zarife Hanım devam etti:

– Osmancığın kaybolmasının hikâyesini hepimiz biliyoruz. Ama onun annesi yalnız sensin. Yalnız sen yavrunu kaybettin. O anda bir annenin duyacağı acıyı kimse senin kadar bilemez, dedi.

Fatma Hanım kabul etmedi. Zarife Hanım, bunun öğrencilerine çok faydalı olacağını, annelerini gereği gibi sevmediklerini, böyle bir hikâyeyi dinlerlerse;

annelerinin kıymetini bileceklerini, uzun uzun izah etti. Yalvardı. Fatma Hanım, hatır için bunu kabul etmek zorunda kaldı. Beş gün mühlet istedi. Osmancığı nasıl sevdiğini, olayın nasıl meydana geldiğini, olaydan duyduğu acıyı yazacak, bir teybe okuyacaktı. Otuz kişinin içinde okumayı kabul etmedi. Bunu yapamayacağını biliyordu. Zarife Hanım, sürpriz planını değiştirmek zorunda kaldı...

Aradan bir hafta geçmişti. Fatma Hanım, kaybolan yavrusunun hikâyesini yazıp teybe okumuştu. Zarife Hanım'a dinlettiği zaman, olay günü cereyan etmiş gibi heyecanlanmışlardı.

"Bir Küçük Osmancık Vardı!"

Fatma Hanım, hikâyeyi okurken ağlamaktan kendini alamamıştı. Yer yer hıçkırık sesleri duyuluyordu. "Bir Küçük Osmancık Vardı!" diye başlayan hikâye; "Ciğerparemi, dağ başındaki terkedilmiş evden kaderin görünmeyen elleri alıp meçhule götürdü..." cümlesi ile bitiyordu.

Zarife Hanım, kaseti teypten çıkardı. Hiç konuşmadan teybe başka bir bant koyup düğmeye bastı.

Hüseyin'in yanık sesi Fatma Hanım'ın anlattığı hikâyeyi tam kaldığı yerden devam ettiriyordu. Fatma Hanım'ın nefesi sıklaşıyor, kalbi duracak gibi oluyordu.

– Osman'ım mı bu? Söyle Zarife Hanım, yavrumun sesi mi bu, dedi.

Zarife Hanım ağlıyordu. Onun heyecanını yatıştırmak için "sus" diye işaret etti. Hüseyin, başına gelenleri bir bir anlattıkça Fatma Hanım yağmur gibi göz yaşı döküyor, Zarife Hanım'ın boynuna sarılıp yalvarıyordu.

– Allah aşkına söyle, Osman'ım mı bu?

Zarife Hanım "Evet" manasına başını sallayınca:

– Yavrum nerde? Buldun mu onu? Nerde şimdi, diye bağırdı.

Zarife Hanım:

– Onu sana getireceğim. Seni oyaladığım için beni affet. Ama Osman hikâyede dinlediğin gibi, gerçeği bilmediği için senden nefret ediyor. Bu kaseti ona dinletmeliyim, dedi.

– N'olur beni hemen ona götür. Nerde şimdi?

– Onu bu akşam sana getireceğim.

– Akşamı bekleyemem.

– On beş yıl bekledin.

– Bilmesem on beş yıl daha beklerdim.

– Onu ben buldum. Akşamı beklemelisin diyorum, dedi.

Zarife Hanım, doğru okula gitti. Hüseyin'i odasına çağırdı. Aynı olaylar orada tekrarlandı. Hüseyin, tahmin ettiği gibi annesinin kendini terk etmediğini, ondan zorla kaçırıldığını, asıl adının Osman olduğunu öğrendi. Heyecandan bayılacaktı. O da bir an önce annesine, babasına ve Zarife Hanım'ın anlattığı küçük kız kardeşi Şükran'a kavuşmak istiyordu.

Köşkte büyük bir telaş vardı. Osmancığın bulunduğunu herkes duymuştu. Zarife Hanım'ın getireceği delikanlıyı heyecanla beklemeye başlamışlardı. Küçük Şükran bile olayı duymuştu.

– Abim geldi, abim geldi, diye oradan oraya koşuyordu.

Bütün gözler bahçe kapısına çevrili bekliyorlardı. Abdullah Bey'in, konuşurken dudakları titriyordu.

– Ne büyüksün Allah'ım, dedi. Şükürler olsun.

Fatma Hanım kafasını iki yana sallayarak ağlıyor. Biraz sonra kavuşacağı yavrusunu bağrına basmak için sabırsızlanıyordu.

Akrabalar yakınlar köşkün salonunda heyecanla konuşuyorlar, bekleşiyorlardı.

"Osman'ım geldi." dedi Fatma Hanım. Salonda bir uğultu duyuldu. Herkes kapıya koştu. Zarife Hanım'ın kullandığı arabadan fidan boylu Osman inip bahçeye girmişti. Bakışlarını orada bulunanlar üzerinde yıldırım gibi gezdirdi. Kalabalığın önünde kollarını öne uzatmış yağmur gibi gözyaşı döken ak saçlı, nur yüzlü kadına baktı. "Annem" diye bir çığlık attı. Fatma Hanım sarsıldı. On beş yıllık hasreti bağrından fırlatacakmış gibi kollarını açtı. Güllerin arasında anaoğul kucaklaştılar. Gözyaşları kurumuş toprağa düşen yağmurlar gibi, yüreklerindeki acıyı, hasreti silmek istercesine akıyor, akıyordu.

Ahmet Yılmaz Boyunağa

Yankılı Kayalar

Anne ve babasını acı bir şekilde yitiren Mehmet, kız kardeşiyle birlikte köyünden ayrılıp İstanbul'daki dayısının yanına gelir. Burada pek çok zorluğa göğüs germek zorunda kalır. Herkesin takdir ettiği bir kişiliğe sahip olan Mehmet'in en büyük isteğiyse okuyup doktor olmak ve köyüne geri dönüp köy halkına hizmet etmektir...

Mehmet'in idealine ulaşmak adına yaptığı fedakârlıklar, gösterdiği azim ve kız kardeşiyle birlikte hayatın zorluklarına karşı yılmadan, bıkmadan verdiği mücadele...

MEB tavsiyeli Yankılı Kayalar, Ahmet Yılmaz Boyunağa'nın usta kaleminden çıkmış heyecan ve duygu dolu bir ilk gençlik romanı...

Ahmet Yılmaz Boyunağa
Macera Adası

Yıl 1903. Çin seferi sırasında kaybolan bir geminin mürettebatının çocukları, babalarını aramak için Hint Okyanusu'ndaki adaları dolaşmak üzere denize açılırlar. Fırtınada gemileri batan ama bir adaya çıkmayı başaran altı kahramanımızı, üç yıl sürecek serüven dolu günler beklemektedir.

İnanç, özgüven, mücadele azmi ve dostluk... Macera Adası'nı soluk soluğa okuyacak, cesur gençlerin hayranlık uyandıran maceralarından etkileneceksin.